LA INTELIGENCIA ARTIFICIAL Y EL CONTROL ALGORÍTMICO DE LOS DERECHOS FUNDAMENTALES

DAVID MARTÍN-HERRERA
Editor

LA INTELIGENCIA ARTIFICIAL Y EL CONTROL ALGORÍTMICO DE LOS DERECHOS FUNDAMENTALES

El triunfo de la inteligencia personal es la felicidad.
El triunfo de la inteligencia social es la justicia.
José Antonio Marina

Primera edición, 2024

Incluye soporte electrónico

Ayudas para la publicación en acceso abierto 2023

Editorial Aranzadi, S.A.U.
C/ Collado Mediano, 9
28231 Las Rozas (Madrid)
ISBN versión impresa: 978-84-1162-475-6
ISBN versión electrónica: 978-84-1162-476-3
DL M-4764-2024
Printed in Spain. Impreso en España
Fotocomposición: Editorial Aranzadi, S.A.U.
Impresión: Rodona Industria Gráfica, SL
Polígono Agustinos, Calle A, Nave D-11
31013 – Pamplona

Índice General

Página

Prefacio sobre la interferencia de la inteligencia artificial en los derechos fundamentales

¿Alguna vez nos hemos preguntado cómo serían nuestras vidas actualmente si no conociéramos las capacidades de los algoritmos? Sin duda, para el grueso de la población mundial (en el que se incluye el servidor que aquí escribe) esta terminología es un ente relegado al conocimiento de unos pocos expertos que son capaces de entender y manejar su funcionamiento. El común de los ciudadanos entendemos que es esta una materia extremadamente novedosa que parece estar cambiando nuestras vidas a un ritmo vertiginoso, tal y como nos lo describen los medios de comunicación, entre los que se encuentran, hoy día, cómo no, los de comunicación social cibernética.

Sin embargo, al despertar una mínima curiosidad por lo que es, y de dónde proviene el algoritmo nos sorprende que esta no es una terminología moderna aflorada, por ejemplo, de los vanguardistas *European Organization for Nuclear Research* (CERN) o *Silicon Valley*. Por contrario que parezca, el origen de los algoritmos comenzó su andadura en el siglo IX de la mano del erudito matemático persa, **Muḥammad ibn Mūsā al-Khwārizmī**, quién dejó el legado de su obra *El compendio del cálculo por terminación y equilibrado* que, según nos cuentan los expertos en esta área del saber, introducía métodos fundamentales para la resolución de ecuaciones que dieron origen a la disciplina del álgebra.

Desde entonces su evolución fue escalonada hasta que en las últimas dos décadas se está convirtiendo en un corpus con capacidad de desplazar a la masa humana en buena parte de sus tareas.

El presente estudio anticipa muchas interrogantes dirigidas al amplio público sin vocación de cuestionar la capacidad científica del restringido público especializado en esta materia. Precisamente por ello, por lo reducido de los profesionales que hacen posible el desarrollo de estas máquinas de aprendizaje virtual, y por el potencial dual de eficiencia/desafío con el que día a día nos asombra la inteligencia artificial. Por esto último es por lo que son cada día más las voces las que se cuestionan si el poder con el que se condiciona nuestra forma futura de vivir y relacionarnos ha de estar regido por la supremacía de unos pocos no elegidos por el pueblo.

El que podamos determinar la solidez de la línea hacía la que nos estamos adentrando, sea cómo funámbulos o como navegantes, está por ver. Sin embargo, posiblemente de forma inconsciente llevamos décadas entregados a ella sin cuestionarnos la garantía de su fiabilidad; por ejemplo, cada vez que viajamos en una aeronave y esta realiza la mayor parte de la navegación de forma automática. ¿Debemos de mantenernos alerta ante los sistemas automáticos? ¿Qué ocurriría si se queda ciego (en sentido electrónico/digital) el piloto automático de una aeronave?

Para responder a esta cuestión no hay mejor razonamiento que el argüido por José de Sousa Saramago en su *Ensaio sobre a cegueira.*

> *Cuando por primera vez se quedó ciego un conductor de autobús, en marcha y en plena vía pública, la gente, pese a los muertos y heridos causados por el accidente, no le prestó gran atención, por la misma razón, es decir, por la fuerza de la costumbre, que llevó al jefe de relaciones públicas de la empresa a declarar, sin más, que el accidente había sido ocasionado por un fallo humano, sin duda lamentablemente, pero, pensándolo bien, tan imprevisible como habría sido un infarto mortal en persona que nunca habría sufrido del corazón. Nuestros empleados, explicó el jefe, y lo mismo la mecánica y los sistemas eléctricos de nuestros vehículos, son sometidos periódicamente a revisiones extremadamente rigurosas, como lo confirma, en directa y clara relación de causa a efecto, el bajísimo porcentaje de accidentes, en cómputo general, en el que se ha visto envuelta, hasta hoy los vehículos de nuestra compañía.*

¿Qué ocurriría si de nuevo aconteciera?

> *Sin embargo, ésa fue, dos días después, la auténtica causa de otro accidente, pero, así es el mundo, tiene la verdad muchas veces que disfrazarse de mentira para alcanzar sus fines, y el rumor que corrió fue que se había quedado ciego el conductor. No hubo manera de convencer al público de lo que efectivamente había acontecido, y el resultado no tardó en verse, de un momento a otro la gente dejó de utilizar los autobuses, decían que preferían quedarse ciegos antes de morir porque se hubiera quedado ciego otro.*

Traducido lo anterior, a un ejemplo más cotidiano, se me ocurre plantear al lector qué sentimiento le abordaría si, al salir de un estacionamiento de un centro comercial, la barrera automática le impidiera continuar circulando porque la base de datos a la que se ha conectado la cámara de la barrera ha detectado que la matrícula del vehículo que conduce está asociada a una multa de aparcamiento o incluso al impago de una deuda con la hacienda de su ciudad, por poner algún ejemplo entre los miles que se pudieran sugerir.

Al lanzar a *Chatgpt* la pregunta sobre cómo afecta la inteligencia artificial en los derechos fundamentales su respuesta es inequívoca: *La inteligencia artificial (IA) y el control algorítmico pueden tener un impacto significativo en los derechos fundamentales. Por un lado, IA puede mejorar la eficiencia y la precisión en la toma de decisiones, lo que puede ser beneficioso para garantizar el acceso a la justicia, la seguridad y otros derechos. Sin embargo, la IA también plantea desafíos y riesgos para los derechos humanos. Algunas áreas de preocupación incluyen la privacidad, la discriminación algorítmica, la transparencia y la responsabilidad.*

Proponemos así en este prefacio anticipar algunos de los aspectos que se analizan a lo largo de esta obra con el fin de facilitar al lector una síntesis contrastada de las diferentes visiones de los autores. En base a esto último, se hace preciso recordar aquí que, al igual que sucede con la inteligencia producida artificialmente, este prefacio no suple en absoluto a las autorías de esta obra y únicamente se presenta con vocación de orientar en la profusión de esta.

Con la intención de esbozar el *status* legal del empleo de la inteligencia artificial, el profesor **David Martín-Herrera** presenta un estudio sobre algunas de las implicaciones que la IA está deparando en la sociedad y en qué medida los organismos internacionales están actuando. Para ello realiza una aproximación a la pretensión de actividad reguladora por parte de la Organización de las Naciones Unidas que, apoyada en el Derecho internacional de los derechos humanos, promueve regularizar de una forma global el empleo de la IA.

De modo similar, se esboza la actividad de la Unión Europea (UE) en la materia esquematizando para ello cuáles serían los usos admisibles e inadmisibles de la IA según la futura codificación europea. Dotada de una rica actividad legislativa, la UE está arrojando una buena dosis de una futura regulación que ya debería de estar en funcionamiento. Respecto a esta, Martín-Herrera muestra diferentes aspectos legislativos encaminados a la determinación de los riesgos asumibles y no asumibles por parte de la UE en lo concerniente al empleo de sistemas de IA. Finalizando con un estudio crítico de las necesidades reales de protección de los derechos fundamentales en lo concerniente al empleo de sistemas de IA.

El profesor **Antonio de Cabo de la Vega** realiza una serie de aproximaciones al concepto de verdad en un momento en el que la desinformación o *fake news* se mimetiza perfectamente entre la oficialidad de la información. En este aspecto, De Cabo apunta que al sostener que los algoritmos o los *bots* están intoxicando la red, la sociedad tiene asimilada la existencia de una verdadera información a través de noticias legítimas. Y partiendo de esa base nos introduce a la dimensión universal y racional de nuestra realidad estable, la cual, sometida a la verdadera dimensión cuántica de nuestro universo, hace decaer completamente la referida estabilidad racional.

Transpuesto a la práctica jurídica, de Cabo conduce a cuestionarse la verdadera dimensión de la verdad. Lo ejemplifica en la confesión como prueba por excelencia del proceso y las diversas metodologías en la obtención de la misma, desde aquella clásica tortura que perseguía la confesión del acto de brujería de la persona acusada de volar con una escoba, a las actuales confesiones en las que, transcurrido el tiempo desde los hechos, nuestro cerebro se hace una composición subjetiva de los hechos enjuiciados.

Lo anterior adaptado al ritmo de la tecnología hace inviable la distinción entre lo correcto y lo confeccionado. Hoy en día, advierte, una persona culta no puede explicar una expresión cuántica y no podemos saber con certeza lo que es verdad o mentira. *Y si lo es para el lego, no lo es menos para el juzgador, que igualmente no entiende una palabra de los testimonios científicos que se le están ofreciendo.*

Considera de Cabo que estamos asistiendo a una construcción deliberada de una realidad exterior paralela a la realidad físico material creada por agentes con concretos y específicos intereses.

La profesora **Zlata Drnas de Clément** realiza una hipotética ponderación entre el grado de personalidad y la exigencia de responsabilidad de la inteligencia artificial. Considera que frente a estas entidades artificiales inteligentes ha de diferenciarse entre su subjetividad internacional en la modulación de derechos y deberes y la titularidad de derechos y deberes frente a los tribunales.

El profesor **Javier A. De Luca** nos muestra las sombras ante las capacidades del negocio de la información. En concreto muestra su preocupación ante la proliferación de usuarios que, con ánimo de divertirse, provocador o con el fin de generar un clima adverso, realizan publicaciones en línea. Encuentra en ello un negocio en el que, mediante la provocación, se detectan las preferencias de los consumidores.

Desde el punto de vista procesal de las acciones, De Luca se cuestiona si los actuales estándares jurídicos están a la altura de satisfacer el procedimiento penal y civil ante el desbordamiento de la inteligencia artificial; tanto desde el punto de vista del enjuiciamiento de los hechos en los que pueda estar involucrada la inteligencia artificial, como desde aquellos en los que en la determinación de la prueba se emplee este tipo de tecnología.

Advierte en consecuencia que «los Estados que deseen utilizar sistemas de IA deben elegir sistemas cuyo funcionamiento sea totalmente transparente, explicable y rastreable (IA de "caja blanca") y deben preferir sistemas disponibles públicamente y de código abierto».

Por su parte **Luciana Frascarelli** refiere la forma con la que los algoritmos están siendo introducidos para la prevención e investigación de delitos, así como en el proceso penal para aumentar la eficiencia de la gestión judicial.

A través de este tipo de herramientas, la policía es capaz de elaborar un mapa del delito que permite anticiparse a los hechos delictivos. Sin embargo, nos advierte de que este tipo de algoritmos reproducen y profundizan en los diseños de política criminal sesgados en los sectores más vulnerables de la sociedad y, en otras ocasiones, pretenden detectar el abuso en las redes sociales a través del empleo de algoritmos que hacen las veces de agentes provocadores.

Desde el punto de vista procesal, nos indica que la inteligencia artificial es capaz de predecir la solución de expedientes judiciales en cuestión de segundos y en base a los datos registrados en expedientes anteriores similares. Ello implica una doble vertiente: a) positiva al contribuir al principio de igualdad dado que ante un mismo problema las personas recibirán la misma respuesta por parte del Estado, reduciendo los plazos de respuesta; b) negativa en lo que respecta a la imparcialidad y neutralidad de la justicia, toda vez que los sistemas incorporan los sesgos de sus desarrolladores que «son camuflados con tecnología».

Los profesores **Alicja Jaskiernia y Jerzy Jaskiernia** encuentran la omnipresencia de los algoritmos en la sociedad tecnológica actual y realizan una aproximación a la generación de contenidos algorítmicos y el control de estos, especialmente en lo que concierne a la libertad de expresión. Puntualmente se preguntan que si el contenido generado algorítmicamente debe de considerarse expresión y si los controladores de los algoritmos son proveedores de contenidos ¿hasta dónde se ha de conceder libertad de expresión al contenido generado algorítmicamente? ¿Es esta una expresión merecedora de protección? ¿Cuándo se puede exigir responsabilidad y bajo qué circunstancias quedaría justificado interferir en este tipo de discurso generado?

Advierten así de que «la censura algorítmica podría permitir que las plataformas sociales ejerzan un grado de control sin precedentes sobre las comunicaciones públicas y privadas».

A lo anterior consideran que, en lo concerniente al Derecho al olvido, el *trolling*, los *bots* de sesgo político y las cuentas falsas los usuarios deben de ostentar el derecho a conocer la transparencia de los algoritmos a los que están sujetos dado que el nivel de participación humana en la toma de decisiones es un factor más importante que el nivel de uso de la tecnología de aprendizaje automático. Los contenidos generados algorítmicamente plantean así nuevos desafíos en lo concerniente a la libertad de expresión que no pueden interpretarse con los instrumentos tradicionales, sentencian.

«Preservar el factor humano es crucial para garantizar la protección de los derechos de los ciudadanos».

La profesora **Alicia Guerrero Curieses** advierte que gran parte de la sociedad no tiene conocimiento de que mediante los algoritmos se están tomando decisiones que determinan nuestras vidas y que esa toma de medidas proviene de nuestros propios datos, que identifica como los alimentos del algoritmo. Para que lo anterior se lleve a cabo, se establecen unas reglas en las que se basan los algoritmos y que son proporcionadas por los desarrolladores o por los propios algoritmos que, mediante prueba-error, ajustan sus parámetros.

Una de las preocupaciones que muestra la profesora Guerrero Curieses es la puesta en escena de la privacidad. Según apunta, los algoritmos son capaces de obtener información precisa de una persona a través de los datos de sus amigos; considerando que a través del borrado de una cuenta es posible lograr nuevamente el anonimato con el tiempo.

En lo concerniente a la objetividad, advierte que «el registro de datos codifica los valores, creencias e ideas de sus creadores, y las interpretaciones y usos incorrectos de los datos pueden causar daños a colectivos concretos y fomentar aún más las desigualdades sociales». Para ello las compañías recopilan nuestros registros online combinándolos con otros datos a gran escala con los que predicen nuestro comportamiento futuro. Ante ello advierte que la sociedad debe de mostrarse crítica reclamando información sobre los peligros y las deficiencias ya que la IA puede convertirse en un medio peligroso de opresión.

Como medida profiláctica, la profesora Guerrero Curieses propone involucrar a los estudiantes en el manejo de sus propios datos con el fin de mentalizarles de las consecuencias de dejar en las manos de unas pocas personas, no elegidas democráticamente, el poder algorítmico.

El profesor **Daniele Butturini** realiza un estudio sobre la censura de contenidos en lo concerniente a la lucha contra la desinformación. Advierte que mediante los contenidos falsos (*fake news*), publicados en internet, se pueden causar violaciones de derechos contra la persona y contra la toma de decisiones públicas al obstaculizar la libre formación de opiniones mediante información maliciosamente elaborada. Considera así que las dinámicas sociales determinadas por las redes sociales tienen la capacidad de marginar el papel y la función de la información periodística.

En lo concerniente a la captación de datos, advierte de que la conocida técnica comercial de las plataformas dirige además una actividad concreta a los usuarios en la que estos, dominados por los algoritmos, desconocen qué mecanismos gobiernan la elección de su información. De esta forma los servidores de contenidos digitales participan de una connotación que las hace propietarias de un marco interpretativo de hechos que vinculan y limitan la libertad de opinión de los usuarios.

El profesor **Amir al Hassani Maturano** advierte de que la actual masificación de contenidos hace proliferar mensajes que conllevan altos riesgos que deben de ser controlados y que ello conduce a debatir si deben de ser los poderes públicos o los servidores privados los que realicen esa función fiscalizadora que interfiere en el ejercicio de algún derecho fundamental. Advierte de que cualquier restricción de contenidos debe de estar legalmente amparada y ser proporcional a los beneficios que reportará en la protección de los intereses constitucionales.

Para lo anterior debe de cumplirse con una regulación clara para el usuario que persiga el cumplimiento de unos valores y principios garantizados por los poderes públicos.

Por su parte, el profesor **Damián Loreti** realiza un estudio sobre el peligro al que se enfrenta el periodismo libre ante la vigilancia electrónica que condiciona el derecho a la libertad de información de los pueblos. El presupuesto es básico pero contundente, si el periodista revela sus fuentes o estas sufren represalias, desaparecerán; y de la misma forma que la vigilancia física ha impactado en las fuentes, de forma análoga lo está haciendo la vigilancia electrónica. Arrojando una buena muestra de casos en diferentes Estados y mostrando una amplia gama del Derecho positivo en esta materia, Loreti sugiere que se hace preciso alcanzar de forma global una moratoria en la toma de datos registrados hasta alcanzar unos estándares susceptibles de verificación.

Con el punto de mira en la navegación en red, el profesor **Fernández Amorós** nos advierte de lo vulnerable que es nuestra privacidad en el manejo de la internet dado que la conexión no es anónima ni secreta y el proveedor de internet conoce el origen, el destino y el contenido de la comunicación. «La navegación habitual por internet es un proceso con una baja expectativa de privacidad. Es relativamente sencillo controlar el origen, el destino y el contenido de las comunicaciones ajenas, y almacenarlo mientras resulte útil».

Con el fin de procurar una mayor privacidad identifica el sistema de enrutado de la cebolla de la red Tor como un sistema de cifrado entre diferentes nodos que desconocen entre sí el origen, mensaje o destino. Sin embargo, este sistema de cifrado requiere de un proceso más lento cuanto mayor sea el enrutado y resulta demasiado insostenible por su alto consumo energético. Además de propiciar cobijo para el enrutado y anonimización de actividades delictivas.

El profesor **Luis Gustavo Grandinetti Castanho de Carvalho** y la magistrada **Caroline Rossy Brandão Fonseca** exponen el empleo de las redes sociales en Brasil como forma de incitación al odio, la violencia y contra las instituciones del Estado; así como su empleo como fuente de desinformación. Con un amplio muestreo de datos acontecidos en la actividad política brasileña, apuntan a la necesidad de encontrar una regulación.

Por su parte, **Matías Quercia** apunta que en el mundo virtual los algoritmos emulan al ser humano ejecutando sus propios estereotipos y perjuicios lo cual hace representar de forma virtual la vida real. Lo anterior, unido al monopolio de las redes de comunicación social, conduce a analizar si los instrumentos de moderación algorítmica de las redes sociales interfieren en nuestros sistemas constitucionales al censurar previamente algunos contenidos.

Reconoce así Quercia que los servicios digitales en muchas ocasiones escapan del control de las jurisdicciones nacionales a lo cual propone que, en su diseño, los algoritmos deben estar programados de forma tal que «no abarquen expresiones ni contenidos que, aunque puedan ser considerados desagradables o perturbadores, resulten legítimos». Por lo que llama a «democratizar a los algoritmos a fin de que adopten una posición de neutralidad y que sean aplicados solo al discurso no protegido».

A través de esta obra transversal desarrollada por un grupo de investigadores de diferentes disciplinas se presenta una tenue mirada a lo que (y posiblemente ya es) será el mirador de la inmensidad de la generación del conocimiento. Que sirva este, junto a las conferencias internacionales: *Algoritmos, inteligencia artificial y estado de derecho. ¿Es justo vigilar a la mass media y a la social media?* (https://canal.uned.es/series/63454983b9130f3f521f1573), para arrojar una gota de claridad en el océano al que nos adentramos.

David Martín-Herrera

Villa de Madrid, a 30 de noviembre de 2023

Parte I
La Inteligencia Artificial y el Estado de Derecho

Capítulo 1

La Inteligencia Artificial y la garantía de los derechos fundamentales

Artificial Intelligence and the guarantee of fundamental rights

DAVID MARTÍN-HERRERA
Universidad Nacional de Educación a Distancia

Resumen

¿Cabría preguntarse cómo hubiera sido el grado de evolución humana si en nuestra prosecución por los derechos aún no hubiéramos alcanzado aquel logro, aún incompleto, que representó la Declaración Universal Derechos Humanos de 1948? Con todos sus defectos, aquella declaración de derechos supuso una auténtica revolución en las relaciones entre las personas frente a sus Estados.

A setenta y cinco años de aquella consecución, nos enfrentamos a desafíos desconocidos en los que algunos de los derechos (incompletamente) adquiridos del compromiso de los Estados, son ahora amenazados por unas pocas sociedades que configuran y gestionan la generación de la inteligencia artificial.

En el presente estudio se realiza una breve aproximación a algunos de los riesgos que entrañan la inteligencia artificial y el control algorítmico y se analizan las iniciativas legislativas que se pretenden abordar con el fin de tratar de alcanzar la deriva de deslocalización de la protección de los derechos fundamentales a la que se adentran nuestras sociedades.

Palabras clave

Ley de inteligencia artificial – control algorítmico – derechos fundamentales – democracia y gobernanza – *bot* – *machine learning*

Abstract

Could it be asked what the degree of human evolution would have been like if in our pursuit of rights, we had not yet reached that achievement, even incomplete, represented by the Universal Declaration of Human Rights of 1948? Despite all its defects, that declaration of rights represented a true revolution in the relations between people and their States.

Seventy-five years after that achievement, we face unknown challenges in which some of the rights (incompletely) acquired by the commitment of States are now threatened by a few societies that configure and manage the generation of artificial intelligence.

In this study, a brief approach is made to some of the risks entailed by artificial intelligence and algorithmic control; and there is an analysis of the envisioned legislative initiatives with the aim to try to achieve the drift of relocation of the protection of fundamental rights in which our societies are entering.

Keywords

Artificial Intelligence Act – Algorithmic Control – Fundamental Rights – Democracy and Governance – Bot – Machine Learning

I. ENTENDER QUÉ PUEDE SIGNIFICAR LA INTELIGENCIA ARTIFICIAL EN EL AÑO 2023

La Inteligencia Artificial (IA) es y va a ser una parte ineludible de nuestras vidas, es un hecho. Su presencia entre nosotros no es nada novedosa y prácticamente ningún contemporáneo se alarmaría al recibir de la cajera del supermercado un recibo impreso con los gastos de la compra. Sin embargo ¿mostraríamos el mismo grado de confianza si en lugar de recibir el sumatorio de la máquina automática la cajera nos entregara una nota con las cuentas que acababa de realizar delante nuestra?

Nuestro grado de confianza con el algoritmo matemático que calcula el sumatorio de la cesta de la compra es tan elevado, que la única desconfianza que le surgiría al común de los mortales sería la de comprobar que la persona encargada de la caja, y no el algoritmo, nos hubiera pasado dos veces el mismo producto. Sírvase este ejemplo no de crítica hacia esa persona que noblemente se gana la vida prestando un servicio público, sino como una crítica a nuestra propia desconfianza por lo humano.

Lo cierto es que con todas las interrogantes que representarían en sus orígenes aquellas automatizaciones de operaciones matemáticas por medio de calculadoras, la humanidad hemos venido conviviendo con estas máquinas sin dejar de perder nuestra capacidad de cálculo mental (al menos durante nuestra época escolar).

Poco, o, mejor dicho, ningún sentido tendría disponer de las mejores y más precisas máquinas de cálculo si el humano no supiese qué operaciones matemáticas necesita hacer ni conociera la utilidad de estas. Lo anterior sería como si los abuelos ibéricos, *homo antecesor,* hubieran tenido aparcado dentro de la Gran Dolina de Atapuerca un vehículo inteligente en aquel tiempo.

Pero la evolución de esa confección de conocimiento generado de forma artificial ni es tan remota como los primeros europeos, ni ha experimentado una evolución tan progresiva como la de las calculadoras matemáticas. Lo cierto es que en la última década la IA está configurando una suerte de revolución tecnológica digital que está transformando nuestra forma de convivir con el conocimiento. Los logros y avances no dejan de concatenarse en el ámbito de la investigación, la industria, la salud, el transporte, las comunicaciones, la seguridad...

Por una parte, la capacidad de almacenaje y procesamiento automático de datos están brindando una inestimable ayuda en el avance en la investigación científica. Además, la automatización de los procesos industriales mediante la robótica ha venido transformando la industria tal y como la concebíamos a finales del siglo XX. La eficiencia y precisión de los sistemas autómatas han relegado infinidad de puestos de trabajo desempeñados por personas, reduciéndose así los costes de fabricación y entrega, al tiempo que se mejora la calidad y se reduce la siniestrabilidad.

Desde el punto de vista de la medicina, a través de la IA se están logrando una serie de avances en la prevención y tratamiento de enfermedades sin precedentes. La precisión de la cirugía robótica comienza a relegar la fatiga de los prestigiosos cirujanos que observan ahora de cerca la eficiencia del robot cirujano.

La IA se ha adentrado incluso en el ámbito de la educación brindando nuevas herramientas que ofrecen un aprendizaje personalizado según las necesidades del alumno, aunque, cómo veremos, presentan graves controversias. Su continua implementación sin duda podría contribuir a la erradicación del analfabetismo si el acceso global y gratuito a la Internet estuviera garantizado.

Por su puesto, como ya indicábamos en el prefacio de esta obra, la IA está también presente en los medios de comunicación desde hace décadas, pero es ahora, en los últimos años, cuando está generando mayor debate. Nunca nos habíamos cuestionado la efectividad del modo de vuelo automático de la aviación tanto civil como militar. Si embargo en los últimos años en los que han empezado a comercializarse sistemas de conducción autónoma más allá del mantenimiento de una velocidad establecida por el conductor, sino con capacidad de procesar datos en tiempo real, interpretarlos y tomar decisiones de forma autónoma; el debate en torno a la seguridad y responsabilidad es complejo.

Del mismo modo, nuestra forma de comunicarnos no ha quedado relegada a los grandes avances experimentados con la llegada de la IA. Lejos quedan ya las imágenes en las que se veían aquellas telefonistas que, de forma manual, establecían las conexiones entre los usuarios que pretendían establecer una llamada telefónica. Al contrario de entonces, que la comunicación era indirecta y únicamente dual, actualmente esta es automática e incluso grupal. ¿Interferían antes —una persona que probablemente nunca sabría de la filiación de los comunicantes— y no ahora —un algoritmo que establece comunicaciones múltiples— la privacidad de las comunicaciones?

Las referencias a la forma con la que la IA está presente en nuestros días son tan numerosas cómo diversas son las formas de vivir. La forma con la que la IA ha interferido en el derecho al acceso a la información tradicionalmente reservado a la prensa, la radio y la televisión a relegado a los medios tradicionales de comunicación a otro plano para las generaciones más jóvenes. Huelga aquí decir que buen parte de los contenidos divulgados son generados en innumerables ocasiones de forma automática. Ello genera dudas al respecto de la veracidad de la información. Pero ¿sería posible exigir al algoritmo que genera los contenidos el deber de contrastar la información que divulga? ¿En qué medida interfiere en el Estado de Derecho?

Como podemos comprobar, el empleo de la IA no está exento de controversias, pero también ofrece infinidad de usos que coadyuvan a la implementación y aseguramiento del Estado de Derecho, por ejemplo, a través del control inteligente del tráfico.

Todas las personas conductoras debemos de conocer las normas de circulación y estas obedecen una codificación mayormente semejante a nivel global. Sin embargo, a pesar de conocer la normativa, no son pocas las personas conductoras que vulneran esas normas de circulación haciendo peligrar la integridad física y la vida de terceras personas, por ejemplo, al superar los límites de velocidad. En este ámbito la IA puede jugar un papel crucial en la correcta implementación del Estado de Derecho a través del control integral de la velocidad más allá de la instalación puntal de dispositivos radar. Al modo que para el transporte de mercancías es exigible la instalación de dispositivos tacográficos, la IA es capaz de controlar los tipos de conducción temeraria o negligente en beneficio de la seguridad colectiva. Este es uno de los usos que *a priori* no debiera de representar ningún desafío para los derechos fundamentales.

En contrapartida con lo anterior existen otros usos de la IA que tropiezan e interferirán directamente con el ejercicio de los derechos fundamentales y que, en consecuencia, precisarán de una justificación que avale que la interferencia causada con el empleo de la IA es realizada en beneficio de las sociedades democráticas. Entre otros empleos controvertidos de la IA se plantean, por ejemplo, el control algorítmico de las comunicaciones con fines de prevención de la seguridad colectiva, la persecución de hechos delictivos o el empleo de datos biométricos a través de dispositivos de videovigilancia.

A priori nos atrevemos a indicar en esta introducción que no se justificaría la vulneración de los derechos fundamentales cuando, por ejemplo, con el fin de depurar el acceso o el mantenimiento de un puesto de trabajo un empleador tratara de acceder a la huella digital de una persona (historial en redes, laborales, de amistades, viajes...). Pero sí pudiéramos entender más que justificada la restricción algorítmica al acceso a la pornografía y a contenidos violentos a menores de edad mediante el acceso obligado a la red a través de certificados digitales expedidos para mayores de edad.

Queda configurada así una suerte de aplicaciones que perfilan una sociedad compleja pero llena de infinidad de posibilidades. A la par que la tecnología evoluciona se hace preciso adaptar los desafíos que nos plantea para acoplarlos a nuestras bases democráticas con el fin de seguir garantizando el correcto ejercicio de nuestros derechos fundamentales[1].

---

1. Advierte Boix Palop que «la exigencia de que los ciudadanos tengan capacidad para conocer las consecuencias de sus actos y cuál sea la preordenación normativa con la que opera el poder público, no parece que sean cuestiones que deban quedar modificadas simplemente por un cambio de herramientas. [...] Todas estas cuestiones, cuando quedan referidas a la necesaria determinación de pautas para la incorporación de algoritmos, no han de ser afrontadas únicamente por medio de directrices de buena gobernanza pública [...] sino que requieren de un encuadramiento jurídico normativo estricto coherente con esas consideraciones y principios constitucionales». *Vid.* BOIX PALOP, A., «Los algoritmos son reglamentos: la necesidad de extender las garantías

II. INTELIGENCIA ARTIFICIAL GLOBAL. EL PERFIL DE LA ONU

Al tratar de describir el impacto de lo que está ya siendo la IA, la primera imagen que le aborda a este autor es la de imaginar que fuésemos capaces de insertar los medios de transporte actual (automóviles, autobuses, trenes, aviones, barcos, camiones, incluso patinetes...) en aquellas sociedades de principios del siglo XX. Emplazaríamos así la ingeniería del transporte actual a las infraestructuras y los conocimientos con los que entonces estaban dotados.

Lo anterior, trasladado a nuestro tiempo e intercambiando medios de transporte por la comunicación digital, conduce a plantear si hemos sido de alguna manera capacitados para el manejo de la tecnología digital[2]. Y la misma reflexión nos conduce a plantearnos al respecto de que si algún usuario digital ha tenido la suerte de ser capacitado ¿cuál era el grado de conocimiento de sus formadores?[3] En cuestión de unos pocos años la tecnología digital ha crecido a un ritmo tan vertiginoso que ni siquiera las personas más afines a la misma son capaces de apuntar hacia dónde nos dirigimos, al tiempo que reconocen que «los investigadores en inteligencia artificial son como niños jugando con plutonio en un parque»[4].

Lo anterior riostra la idea de que navegamos sin rumbo y sin carta de navegación alguna. Sin haber sido realmente capacitados para saber la

---

propias de las normas reglamentarias a los programas empleados por la administración para la adopción de decisiones», *Revista de Derecho Público: Teoría y Método*, Marcial Pons Ediciones Jurídicas y Sociales, Vol. 1/2020, p. 234.

2. En este aspecto coincide también Pérez Bes quién apunta que «Artificial Intelligence could be that automobile, which appears for the first time in a world full of —in this case— individuals and companies that, instead of carries, use software and produce enormous quantities of data, to revolutionise it in a way that nobody has yet managed to foresee» *Vid.* PÉREZ BES, F., «Soft-Law, Self-Regulation and Compliance in AI» en: GARCÍA MEXÍA, P. y PÉREZ BES, F. (Edits.), Artificial Intelligence and the Law, Wolters Kluwer & Regulatory Spain, S.A., Madrid, 2021, p. 94.
3. *Vid.* MALAVASI, P., Educare robot? Pedagogía dell'intelligenza artificiale, Vita e Pensiero, 2019, Egozcue, J. (Trad.), Editorial CCS, Madrid, 2021. «Una formación crítica en inteligencia artificial constituye en muchos aspectos un bien público y un recurso colectivo. [...] Una pedagogía de la inteligencia artificial se centra en la evaluación de los recursos y de las diferencias de pueblos y culturas, en el compromiso de vencer la pobreza, en el acceso democrático a lo digital como posible instrumento que salvaguarda los derechos de las generaciones» (p. 108).
4. Al tratar de mostrar que es el lenguaje y la inteligencia artificial el profesor de Lenguajes y Sistemas Informáticos, Julio Gonzalo Arroyo, reconoce que tras veinte años de trabajo en procesamiento del lenguaje natural en la inteligencia artificial y él mismo (reconoce) no entenderlo muy bien. Apunta además que el investigador en inteligencia artificial precisa del humano sin el cual no es capaz de evolucionar. *Vid.* GONZALO ARROYO, J., *Un mundo de fusión digital. IV Edición*, CanalUNED, 2023. https://canal.uned.es/video/646740e26ff5a71a2d294b42

inmensidad de virtudes y de peligros que la Internet y la IA nos propicia, tomamos los mandos de un vehículo sin instrucciones y sin una manera eficiente de detenerlo y desconectarlo. Y, al igual que sucede con los medios de comunicación, continuamos forjando un mundo dual en el que existe una serie de clases privilegiadas que pueden permitirse el acceso a esta vanguardista tecnología al tiempo que infinidad de hogares desconocen qué es el agua potable y el saneamiento. ¿Es en consecuencia pertinente la potenciación de la IA?[5] ¿En qué medida puede servir a la humanidad?

Entre muchos de las cuestiones que se plantean al respecto de la evolución de la IA está el miedo a la pérdida de puestos de trabajo en sectores tan humanos como la sanidad o la educación.

Algunos autores advierten de que algunas inquietudes debían de estar preocupándonos ya dado que con el desempeño tecnológico muchos trabajos administrativos y manuales terminarán por desaparecer. Puntualiza así Boden que mientras los cargos públicos quizá estarán menos amenazados, pero se verán más comprometidos; la ausencia de regulación en la educación, que ya comienza a disponer de asistentes de IA y se dispone de psicoterapeutas computarizados o robots cuidadores de niños, propiciará el crecimiento sin afección humana[6].

En este aspecto, dado que la IA precisa del humano para nutrirse, no parece que las personas podamos ser completamente sustituidas por la IA y, por el contrario, la IA puede aportar un inestimable valor a ese tipo de regiones más desfavorecidas. Quizá entonces pudiera deducirse así que la valía ulterior de la IA parece que pudiera propiciar mayores valores a sus creadores y a los sectores de la población global totalmente desfavorecidos; quedando entonces el usuario medio en un limbo difícil de predecir[7]. Más

5. Advierte Boden que la IA ya plantea motivos de preocupación y que en su progreso surgirán más, así que la ansiedad sobre los peligros de la IA a largo plazo no está totalmente fuera de lugar. *Vid.* BODEN, M., *AI. Its Nature and Future*, Turner Publicaciones SL, Pérez Parra, I. (Trad.), 2022, p. 155.

6. «[El] uso de sistemas de IA sin empatía en contextos tan esencialmente humanos es tan arriesgado como éticamente dudoso». Ibídem, p. 157.

7. «Constitutions were originally meant to limit public, more precisely government powers, and to protect individual against any abuse by the state. In recent years, however, the rise of the algorithmic society has led to a paradigmatic change where public power is no longer the only source of concern for the respect of fundamental rights and the protection of democracy». *Vid.* POLLICINO, O. & DE GREGORIO, G., «The principle of the rule of law in the regulation of AI», en: GARCÍA MEXÍA, P. y PÉREZ BES, F. (Edits.), Artificial Intelligence and the Law, Wolters Kluwer & Regulatory Spain, S.A., Madrid, 202, p. 230.

aún si en nuestras proyecciones futuras tratamos de camuflar la percepción humana con la de la máquina, al modo que plantea Maestú Unturbe[8].

¿Cuál es el grado de implicación de los organismos internacionales en lo concerniente a la IA?

En mayo de 2023 la Secretaría General de la Organización de las Naciones Unidas (ONU) publicó su último informe en lo concerniente al futuro de la seguridad digital. En el informe titulado: *A Global Digital Compact – an Open, Free and Secure Digital Future for All*, la secretaría general de la ONU avanza que los desafíos a los que nos enfrentamos únicamente pueden enfrentarse a través de una sólida cooperación internacional radicada en los derechos humanos universales.

El ritmo de recopilación de datos —advierten— está creciendo en cifras desorbitadas y estos quedan concentrados en el poder de unos pocos proveedores privados[9], lo cual significa que muchos Estados correrán el riesgo de convertirse en proveedores de datos al tiempo que deberán de pagar por los servicios que sus propios datos ayudan a procesar[10]. Las tecnologías digitales han llegado más allá de la propia Internet y los dispositivos móviles. Actualmente la IA, la inteligencia artificial generativa (IAG), la realidad virtual o el dinero virtual están controlados por unas pocas plataformas virtuales y menos Estados lo cual conduce a un mayor aumento de la desigualdad global. Con ello se compromete directamente la gobernabilidad dado que las instituciones públicas de la inmensa mayoría de Estados no están en condiciones de analizar y responder a los desafíos digitales.

---

8. Desbordando lo estrictamente académico y lo pedagógico, este autor sostiene que nunca revelará si su pensamiento es propio, o lo ha extraído de la propia IA, a través de chatGPT. Al mismo tiempo plantea este autor que el «riesgo de un proceso de deshumanización sería el camino desde lo semántico a los sintáctico y es ese el viaje que tenemos que regular y definir sus límites y necesidades reales». *Vid.* MAESTÚ UNTURBE, F., *Desde el factor humano hasta la inteligencia artificial: una «evolución» de lo semántico a lo sintáctico*, 2023, p. 60.
9. Este es un riesgo que ya vaticina Coeckelbergh donde apunta que «si un puñado de empresas ejercen el poder no solo sobre los individuos (pues mediante la catalogación de nuestros perfiles centralizan el poder) sino también sobre las infraestructuras para la democracia, entonces, y aunque traten de contribuir a la IA ética con sus mejores intenciones, en realidad le están poniendo barreras. Es, por tanto, necesario regular y establecer límites, y asegurarnos de que estas empresas no determinan por sí mismas las normas». *Vid.* COECKELBERGH, M., *AI Ethics*, The Massachusetts Institute of Technology, Álvarez Canga, L. (Trad.), Ediciones Cátedra (Grupo Anaya, S.A.), 2021, p. 142.
10. *Vid.* United Nations Executive Office of the Secretary-General (EOSG)YR, *A Global Digital Compact – an Open, Free and Secure Digital Future for All*, 2023, p. 3.

> *We urgently need to find ways to harness digital technologies for the benefit of all. We need national and international governance arrangements that prevent their misuse. We must shape innovation in ways that reflect universal human values and protect the planet*[11].

Entre los desafíos digitales que la ONU advierte está, por supuesto, el grave desequilibrio en el acceso a la digitalización para lo cual se llama a las administraciones públicas a la construcción de una infraestructura pública digital abierta, inclusiva, segura e interoperable. Además, por supuesto, no deja de lado los peligros que representan para los derechos humanos la vigilancia estatal, los modelos comerciales, la desinformación, el discurso de odio y las actividades criminales en red frente a lo cual encomienda a la transparencia, la responsabilidad, la supervisión y la capacidad para hacer que la navegación sea abierta y segura.

En base a esto último la ONU propone: 1) los usuarios deben de disponer de mayor control de sus datos personales y de cómo estos son utilizados[12], siendo preciso que estos sean únicamente recopilados para fines especificados, explícitos y legítimos; 2) se debe de implementar el actual diseño de la industria física a las tecnologías y plataformas digitales con el fin de construir una cultura global de confianza digital; 3) se debe de asegurar la rendición de cuentas por el daño causado por actos maliciosos cometidos de forma digital; 4) se hace preciso proteger la naturaleza global de Internet.

La capacidad de creación de contenidos falsos mediante IA, la amenaza de esta para el mundo laboral, la recopilación de datos, la interferencia de la IA en los procedimientos judiciales, la vigilancia masiva, los sistemas de armamento autónomos, entre otros hacen que el daño para los derechos humanos sea irreparable tal y como lo estamos dramáticamente comprobando en las masacres perpetradas en la histórica tierra de Canaán[13].

---

11. Ibídem, p. 5.
12. Propone en este punto el tomar de base el ejemplo europeo de protección de datos: «Legally mandate protections for personal data and privacy, based on, for example, the African Union Convention on Cyber Security and Personal Data Protection and the European Union General Data Protection Regulation». Ibídem, p. 16.
13. https://www.forbes.com/sites/erictegler/2023/10/27/small-ai-enabled-drones-could-be-first-into-gaza-streets--buildings/
https://www.reuters.com/technology/hamas-assault-israel-shows-surprise-still-possible-ai-era-peter-apps-2023-10-09/ https://www.newscientist.com/article/2282656-israel-used-worlds-first-ai-guided-combat-drone-swarm-in-gaza-attacks/

> *Artificial intelligence developments show how dangerous this governance gap has become. [...] The United Nations is only one actor in this firmament, but it is the only global entity that can convene and facilitate the collaboration needed*[14].

Pero ¿realmente resulta firme y actual la actuación de la ONU? La taciturna respuesta de la organización a la hora de afrontar los conflictos bélicos evidencia que nos encontramos ante un actor global moribundo incapaz de hacer resguardar el Derecho internacional[15].

Su debilidad queda constatada incluso en la ausencia de un planteamiento ágil y eficaz, que promueva la adopción de una declaración universal de derechos y deberes para el ciberespacio. Transcurridos más de tres años de la hoja de ruta para la cooperación digital, en la que el secretario general advertía que la IA es capaz de comprometer la seguridad y la capacidad de acción en lo concerniente a los sistemas de armas autónomos con capacidad de tomar decisiones letales sin que medie intervención humana[16], la intervención de la ONU para la persecución efectiva de su empleo en las guerras actuales está por llegar.

Sin embargo, a pesar de la debilidad de esta necesaria organización supranacional, es de vital importancia perseverar en el mantenimiento del *statu quo* global que las declaraciones de derechos han procurado establecer. Por ello, ahora más que nunca, se hace preciso seguir los postulados por los que la ONU, a través de su secretario general, propone que los Estados miembros deben.

> *Urgently launch, together with industry, a global collaborative research and development effort to ensure that AI systems are safe, fair, accountable, transparent, interpretable, trustworthy and aligned with human values*[17].

14. *Vid.* United Nations Executive Office of the Secretary-General (EOSG)YR, *A Global Digital Compact – an Open, Free and Secure Digital Future for All*, 2023, p. 10.
15. «Se ha dicho que estamos cruzando el robocom, rememorando el río Rubicón que los generales romanos no podían cruzar en armas. Es el momento de que nosotros controlemos la IA y a las tecnologías o nos controlen ellas a nosotros. Sin ser excesivamente optimista, creo que al menos en la Unión Europea se están dando los pasos posibles para el desarrollo de la IA sea posible se una manera sostenible para nuestros derechos y los de las futuras generaciones». *Vid.* COTINO HUESO, L. en: SALAZAR, I. y BENJAMINS, R., El algoritmo y yo. Guía de convivencia entre seres humanos y artificiales, Ediciones Anaya Multimedia (Grupo Anaya, S.A.), Madrid, 2022, p. 215.
16. *Vid.* Asamblea General de las Naciones Unidas, Septuagésimo cuarto período de sesiones, *Hoja de ruta para la cooperación digital: aplicación de las recomendaciones del Panel de Alto Nivel sobre la Cooperación Digital*, A/74/821, 2020, p. 14.
17. *Vid.* United Nations Executive Office of the Secretary-General (EOSG)YR, *A Global Digital Compact – an Open, Free and Secure Digital Future for All*, 2023, p. 17.

Desde una perspectiva más proteccionista con los derechos humanos, el alto comisionado de las Naciones Unidas para los derechos humanos, Volker Türk, reitera lo señalado por el secretario general de la ONU pero enfatizando del peligro que representa el empleo de la IA por parte de los servicios públicos y privados donde existe un alto riesgo de abuso de poder ante intrusiones en la privacidad de las personas, la justicia, la inmigración, la protección social,... frente a lo cual advierte de la necesidad de la existencia de garantías de transparencia y del acceso a remedios efectivos, todo ello supervisado por un órgano independiente.

> *Las tecnologías de IA que no puedan ser operadas en cumplimiento con la normativa internacional de derechos humanos deben ser prohibidas o puestas en suspensión hasta que se consigan implementar protecciones adecuadas*[18].

III. *ARTIFICIAL INTELLIGENCE ACT.* EL PROYECTO DE LEY DE IA EUROPEO ANTE EL COSMOS DIGITAL

En 2020, con los sistemas de IA a pleno funcionamiento con motivo de la crisis COVID 19[19], la Comisión Europea presentó una propuesta para una regulación sobre la inteligencia artificial *(EU regulatory framework on artificial intelligence)*. La propuesta planteaba el objeto de proporcionar a los desarrolladores, implementadores y usuarios de IA los deberes y las obligaciones respecto al empleo de la IA con el fin de garantizar la seguridad y los derechos fundamentales, que ya empezaban a vulnerarse[20], además de la inversión y la innovación en la Unión Europea.

18. *Vid.* TÜRK, V., La inteligencia artificial debe tomar como base los derechos humanos, declara el Alto Comisionado, Oficina del Alto Comisionado de las Naciones Unidas para los Derechos Humanos, 2023.
19. «[L]a política de actuación llega a menudo demasiado tarde, cuando la tecnología ya está integrada en la sociedad. En vez de lo anterior, se podría intentar diseñar las políticas de actuación antes de que la tecnología esté completamente desarrollada y en uso». *Vid.* COECKELBERGH, M., *AI Ethics,* The Massachusetts Institute of Technology, Álvarez Canga, L. (Trad.), Ediciones Cátedra (Grupo Anaya, S.A.), 2021 (p. 124).
20. Apunta Boix Palop que la reacción de las administraciones públicas, «tanto en su dimensión nacional como en la europea, ha sido muy decepcionante por su falta de ambición, así como por su demostrada incapacidad a la hora de afrontar la nueva realidad respecto a las implicaciones descritas y muy especialmente en cuanto al establecimiento de garantías suficientes para proteger a los ciudadanos frente al empleo de algoritmos y programas por parte de las Administraciones públicas». *Vid.* BOIX PALOP, A., «Los algoritmos son reglamentos: la necesidad de extender las garantías propias de las normas reglamentarias a los programas empleados por la administración para la adopción de decisiones», *Revista de Derecho Público: Teoría y Método,* Marcial Pons Ediciones Jurídicas y Sociales, Vol. 1/2020, p. 238.

La propuesta establecía además un interesante diagrama basado en una escala de riesgos en función de su peligrosidad y el nivel de tolerancia que la norma debe de establecer con respecto a ellos[21].

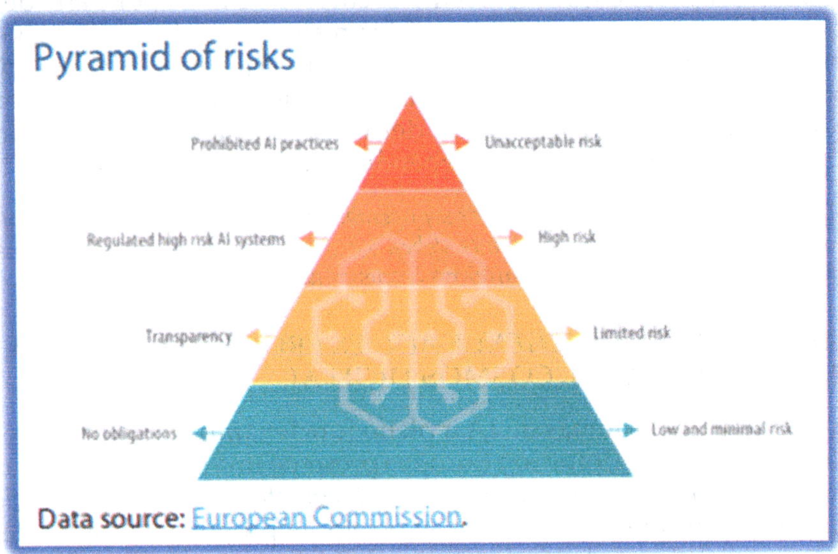

Para valorar el grado de afección de la IA la Comisión Europea acertadamente entiende que la IA en Europa está basada *in our values and fundamental rights such as human dignity and privacy protection. Furthermore, the impact of AI systems should be considered not only from an individual perspective, but also from the perspective of society as a whole*[22].

Para garantizarlo se propone crear un clima de confianza único que garantice el cumplimiento de los derechos fundamentales y del consumidor, especialmente cuando los sistemas de IA representan un riesgo elevado.

Establece así el borrador del futuro Reglamento de la UE una estructura mediante la cual aquellos sistemas que presenten un riesgo limitado y mínimo para la sociedad estarán sujetos a unas obligaciones legales básicas de transparencia, mientras que cuando los sistemas de IA comporten un riesgo elevado estarán sujetos a unas obligaciones que faculten el acceso al

21. *Vid.* European Commission, Regulatory framework proposal on artificial intelligence. https://digital-strategy.ec.europa.eu/en/policies/regulatory-framework-ai
22. *Vid.* European Commission, WHITE PAPER. On Artificial Intelligence - A European approach to excellence and trust, COM (2020) 65 final, 2020. https://commission.europa.eu/system/files/2020-02/commission-white-paper-artificial-intelligence-feb2020_en.pdf

mercado comunitario. Quedando finalmente vetadas aquellas prácticas que entrañen un riesgo inaceptable. En su documento en blanco reconocía la Comisión Europea que, aunque los desarrolladores de IA estén sujetos a la normativa europea de protección de los derechos fundamentales, tales como la protección de datos personales, la privacidad y la no discriminación; lo cierto es que la opacidad de estos sistemas puede interferir en el cumplimiento de la legislación[23]. Al darse comportamientos de sesgo y discriminación sociales, existe el riesgo de que al ser traspasados esos comportamientos a la IA el daño llegue a ser irreparable al poder afectar de forma magnificada y sin control. Además, la extremada opacidad, o efecto caja negra, de muchos sistemas de IA entorpecen la verificación del cumplimiento de los derechos fundamentales obstaculizando así el acceso a una defensa efectiva en caso de vulneración de derechos[24]. Siendo esta tan solo una de las razones por las que se comprende de la necesidad de regular la IA por medio de un reglamento y para ello se plantea realizar un enfoque basado en el riesgo con el fin de que la regulación sea proporcionada.

Con el fin de garantizar lo anterior, entre otros aspectos se enfatiza en la idea de que con el fin de garantizar que la IA no socave la autonomía humana se hace preciso que esta sea supervisada por una persona con el objetivo de disponer de una IA confiable, ética y centrada en el ser humano.

1. Objeto, justificación de las medidas, riesgos previsibles

Con el fin de poder determinar el grado de implicación y riesgo de la IA en los derechos fundamentales se hace preciso conocer qué entendemos por IA. Para ello en la propuesta de Reglamento la Comisión Europea propone que por IA comprendamos.

> *un conjunto de tecnologías de rápida evolución que puede generar un amplio abanico de beneficios económicos y sociales en todos los sectores y las actividades sociales. Mediante la mejora de la predicción, la optimización de las operaciones y de la asignación de los recursos y la personalización de la prestación de servicios, la inteligencia artificial puede facilitar la consecución de resultados positivos desde el punto de vista social y medioambiental, así como proporcionar ventajas competitivas esenciales a las empresas y la economía europea. [...] No obstante, los mismos elementos y técnicas que potencian los beneficios socioeconómicos de la IA también pueden dar*

23. Ibídem, p. 10.
24. «Thus, the difficulty of tracing back potentially problematic decisions taken by AI systems and referred to above in relation to fundamental rights applies equally to safety and liability-related issues. Persons having suffered harm may not have effective access to the evidence that is necessary to build a case in court, for instance, and may have less effective redress possibilities compared to situations where the damage is caused by traditional technologies. These risks will increase as the use of AI becomes more widespread». Ibídem, p. 13.

> *lugar a nuevos riesgos o consecuencias negativas para personas concretas o la sociedad en su conjunto. En vista de la velocidad a la que cambia la tecnología y las dificultades que podrían surgir, la UE está decidida a buscar un enfoque equilibrado. Redunda en interés de la Unión preservar su liderazgo tecnológico y* ***garantizar que los europeos puedan aprovechar nuevas tecnologías que se desarrollen y funcionen de acuerdo con los valores, los derechos fundamentales y los principios de la UE***[25].

Dado que la regulación del mercado de la IA tendrá implicaciones comerciales y científicas, se hace imperativo justificar que la futura normativa persigue el interés general. Para ello, la propuesta de Reglamento ha establecido que es preciso restringir el empleo de la IA de alto riesgo cuando esta puede afectar a la salud, la seguridad, la protección de los consumidores y la protección de otros derechos fundamentales. Empleándose para ello restricciones proporcionadas con el bien que se trata de proteger y limitadas a la prevención y reducción de riesgos graves para la seguridad y los derechos fundamentales.

Exigen así a las autoridades públicas que tengan acceso a información confidencial o al código fuente para examinar el cumplimiento de las obligaciones sustanciales cumplir con las obligaciones de confidencialidad vinculantes[26].

Con el fin de determinar y clasificar qué prácticas serán vetadas por el Reglamento comunitario, se establece un listado de prohibiciones que engloban aquellas prácticas capaces de manipular a la población, que sean capaces de aprovecharse de algún grupo vulnerable, aquellas que no garanticen que las personas puedan decidir libremente el no ser sometidas a la elaboración de perfiles, así como la posibilidad de que las autoridades realicen algún tipo de escrutinio social a través de la IA con fines generales, además como el empleo de la identificación biométrica[27].

---

25. Énfasis añadido. Para una definición más amplia: *Vid.* Comisión Europea, Propuesta de Reglamento del Parlamento Europeo y del Consejo por el que se establecen normas armonizadas en materia de inteligencia artificial (Ley de inteligencia artificial) y se modifican determinados actos legislativos de la Unión, 21/0106 (COD), 2021, Artículo 3, pp. 45-49.
26. «Cuando las autoridades públicas y los organismos notificados deban tener acceso a información confidencial o al código fuente para examinar el cumplimiento de las obligaciones sustanciales, tendrán que cumplir obligaciones de confidencialidad vinculantes». Ibídem, p. 13.
27. Es este un punto sujeto a infinidad de controversia, por un lado, puede ser una herramienta realmente efectiva «desde luego la opción de llevar a cabo vigilancias masivas con fines de seguridad es altamente tentadora. Y es que, imaginemos que llega a la

En lo concerniente a los sistemas que acarrean un alto riesgo para la salud, la seguridad o los derechos fundamentales, se establecerá su permisibilidad en la Unión Europea cuando se dé cumplimiento a unas obligaciones reglamentadas (en lo que concerniente a los datos y su gobernanza, la documentación y el registro, la transparencia y la comunicación de información a los usuarios, la vigilancia humana, la solidez, la precisión y la seguridad) y sean a su vez sometidos a una supervisión previa[28].

2. Prácticas de inteligencia artificial prohibidas

Se establece en el Título II de la propuesta de Reglamento de Ley de inteligencia artificial un único artículo (art.5) por el que se establecen aquellas prácticas de IA no admitidas en el Derecho de la Unión Europea.

Estarán prohibida la introducción en el mercado de la Unión Europea sistemas de IA:

a) que se sirva de técnicas subliminales que trasciendan la conciencia de una persona y sea probable que provoque perjuicios físicos o psicológicos;

b) que aproveche alguna de las vulnerabilidades de un grupo específico de personas de un modo que sea probable que provoque perjuicios físicos o psicológicos;

---

policía una *notitia criminis* y esta, en vez de aplicar métodos de investigación tradicionales [...] simplemente tiene que recurrir a las cámaras con tecnología de reconocimiento facial [...] No obstante, hay que tener en cuenta que lo expuesto supone una captura masiva de datos de los ciudadanos, lo que podría resultar infinitamente peligroso en caso de hacerse de forma indiscriminada e injustificada, habida cuenta de que ello puede implicar la ausencia de libertad total de la población». *Vid.* CUATRECASAS MONFORTE, C., *La inteligencia artificial como herramienta de investigación criminal. Utilidades y riesgos potenciales de su uso jurisdiccional*, Wolters Kluwer Legal & Regulatory España, S.A., Madrid, 2022, pp. 441-442.

Pero a su vez, cómo expone Boden hace tiempo que la ciberseguridad es un problema. «Cuanto más se mete la IA en nuestro mundo (la mayoría de las veces de forma nada transparente, más grave será. Una defensa contra la toma de poder de la IAS sería encontrar formas de escribir algoritmos que no pudiesen ser pirateados ni alterados». *Vid.* BODEN, M., AI. *Its Nature and Future,* Turner Publicaciones SL, Pérez Parra, I. (Trad.), 2022, p. 159.

28. «Un sistema de IA se considera de alto riesgo en función de su finalidad prevista, conforme a la legislación vigente relativa a la seguridad de los productos. Por lo tanto, la clasificación de un sistema de IA como de alto riesgo no depende únicamente de la función que lleve a cabo, sino también de la finalidad específica y de las modalidades para las que se use dicho sistema». *Vid.* Comisión Europea, Propuesta de Reglamento del Parlamento Europeo y del Consejo por el que se establecen normas armonizadas en materia de inteligencia artificial (Ley de inteligencia artificial) y se modifican determinados actos legislativos de la Unión, 21/0106 (COD), 2021, p. 15.

c) la utilización de sistemas de IA por parte de las autoridades públicas con el fin de evaluar o clasificar la fiabilidad de personas físicas atendiendo a su conducta o características personales de forma que provoque: i) un trato desfavorable hacia determinadas personas físicas o colectivos en contextos sociales que no guarden relación con los contextos donde se generaron o recabaron los datos originalmente; ii) un trato desfavorable hacia determinadas personas físicas o colectivos enteros que es injustificado o desproporcionado con respecto a su comportamiento social o la gravedad de este.

d) el empleo de sistemas de identificación biométrica remota «en tiempo real» en espacios de acceso público con fines de aplicación de la ley, salvo y en la medida en que dicho uso sea estrictamente necesario para alcanzar uno o varios de los objetivos siguientes: i) la búsqueda selectiva de posibles víctimas concretas de un delito, incluidos menores desaparecidos; ii) la prevención de una amenaza específica, importante e inminente para la vida o la seguridad física de las personas físicas o de un atentado terrorista; iii) la detección, la localización, la identificación o el enjuiciamiento de la persona que ha cometido o se sospecha que ha cometido alguno de los delitos mencionados en el artículo 2, apartado 2, de la Decisión Marco 2002/584/JAI del Consejo relativa a la orden de detención europea y a los procedimientos de entrega entre Estados miembros y que la conducta perseguida implique una pena privativa de libertad de al menos tres años.

Para el posible empleo en tiempo real de sistemas de identificación biométrica en espacios públicos se debe de considerar que la gravedad y magnitud del perjuicio sea superior en caso de no ser empleado y valorar las consecuencias de su utilización en el sistema de derechos y libertades[29]. Todo ello cumpliendo con el principio de proporcionalidad y limitación temporal, geográfica y personal además de contar con la preceptiva previa

29. «Una de las mayores amenazas generadas por el uso de sistemas de IA en la administración de justicia es el llamado sesgo de automatización, que es la tendencia de los humanos a recibir sin crítica la solución que ofrece la inteligencia artificial como correcta, produciendo una validación automática por parte de los humanos. Este es un riesgo particularmente aberrante en la administración de justicia, ya que puede conducir a una confianza ciega en las decisiones propuestas por el sistema, a considerar que la única jurisprudencia existente es la propuesta por la máquina o a considerar correcta una evaluación de la posibilidad de reincidencia». *Vid.* STANKOVICH, M., *Kit de herramientas global sobre IA y el Estado de derecho para el poder judicial*, Organización de las Naciones Unidas para la Educación, la Ciencia y la Cultura, París, 2023, p. 140.

autorización del Estado en el que se vaya a aplicar y en conformidad con su propia normativa interna[30].

3. Sistemas de IA de alto riesgo

La propuesta de Reglamento comunitario establece que para los agentes puedan desarrollar sistemas de IA de alto riesgo se debe de tener acceso a conjuntos de datos de alta calidad en los ámbitos de actividad relacionados con el Reglamento. Entre otras cuestiones, será preciso el intercambio de datos entre las empresas y los gobiernos al objeto de proporcionar un acceso fiable, responsable y no discriminatorio.

Con el fin de que sea verificable el cumplimiento de los requisitos será preciso disponer de información de la forma en la que fue desarrollado el sistema de IA y del funcionamiento durante su ciclo de vida. Además, en aras de evitar la opacidad, los usuarios han de ser capaces de interpretar la información del sistema incluyendo instrucciones claras y concisas sobre los riesgos que implica en lo concerniente a los derechos fundamentales.

Para la clasificación de los sistemas de IA como sistemas de alto riesgo, el Reglamento establece un Título III especialmente dedicado a ello. En él se considera, en su artículo 6, que un sistema de IA es de alto riesgo cuando está destinado a ser un componente de seguridad de alguno de los referidos en el anexo II del Reglamento y el producto debe someterse a una evaluación de la conformidad realizada por un organismo independiente para su introducción o puesta en servicio.

La clasificación de alto riesgo del Anexo II establece los siguientes apartados:

1. Identificación biométrica y categorización de personas físicas.
2. Gestión y funcionamiento de infraestructuras esenciales.
3. Educación y formación profesional.
4. Empleo, gestión de los trabajadores y acceso al autoempleo.
5. Acceso y disfrute de servicios públicos y privados esenciales y sus beneficios.

30. *Vid.* Comisión Europea, Propuesta de Reglamento del Parlamento Europeo y del Consejo por el que se establecen normas armonizadas en materia de inteligencia artificial (Ley de inteligencia artificial) y se modifican determinados actos legislativos de la Unión, 21/0106 (COD), 2021, artículo 5, pp. 49-51.

6. Asuntos relacionados con la aplicación de la ley.

7. Gestión de la migración, el asilo y el control fronterizo.

8. Administración de justicia y procesos democráticos.

El Reglamento también establece un necesario sistema de gestión de riesgos (artículo 9) que consistirá en un proceso continuo durante todo el ciclo de vida del sistema de IA de alto riesgo y que constará de: a) la identificación y el análisis de los riesgos conocidos y previsibles vinculados a cada sistema de IA de alto riesgo; b) la evaluación de los riesgos que podrían surgir ante empleos debidos e indebidos del sistema de IA de alto riesgo; c) la evaluación de riesgos devenidos del análisis de los datos recogidos; d) la adopción de medidas oportunas de gestión de riesgos procurando: 1. eliminar o reducir los riesgos en la medida en que sea posible mediante un diseño y un desarrollo adecuados; 2. Implantar medidas de mitigación y control apropiadas; 3. proporcionar la información oportuna en relación con los riesgos; 4. impartir formación a los usuarios[31].

Se establece además para los sistemas de IA de alto riesgo un control de la gobernanza de los datos (artículo 10), la obligación de presentar antes de la introducción del sistema en el mercado de una documentación técnica que demuestre el cumplimiento de los requisitos exigidos en el Reglamento (artículo 11), la obligación de demostrar la trazabilidad de los registros (artículo 12), deberán de garantizar un nivel de transparencia suficiente para que los usuarios interpreten y usen correctamente su información de salida (artículo 13), la obligación de establecer un interfaz de vigilancia efectiva por personas físicas durante el periodo de utilización (artículo 14) o el garantizar un nivel adecuado de precisión, solidez y ciberseguridad durante todo su ciclo de vida (artículo 15). Estableciendo en un capítulo específico dedicado a las obligaciones de los proveedores y usuarios de sistemas de IA de alto riesgo un artículo 29 dedicado a las obligaciones de los usuarios de sistemas de IA de alto riesgo, entre otros muchos aspectos[32].

4. Formación previa y exigencia de responsabilidad

Los aspectos relativos a la formación y la responsabilidad son dos de los ámbitos de falla y urgente mejora de la propuesta de Reglamento en IA.

31. Ibídem, artículo 9, pp. 53-54.
32. Para ampliar información sobre los requerimientos de la IA con riesgo limitado o mínimo, la gobernabilidad o la protección de los consumidores (entre otros). *Vid.* MADIEGA, T., «Artificial intelligence act», European Parliamentary Research Service, 2023.

En abril de 2021, el Parlamento Europeo publicó una propuesta de resolución sobre la inteligencia artificial en los sectores educativo, cultural y audiovisual. La misma, que era fruto de un trabajo que había sido iniciado en el año 2017, llamaba encarecidamente a la necesidad de lograr un alto nivel de alfabetización mediática, digital e informativa en el conjunto de la Unión *como requisito previo para el uso de la IA en la educación*; subrayando la necesidad de velar por una alfabetización digital y en materia de IA en toda la Unión, en particular mediante la creación de oportunidades de formación para los profesores[33].

Por su parte, en la propuesta de Reglamento sobre IA, se contempla taxativamente que el alto riesgo de los sistemas de IA que se puedan emplear en educación o formación profesional, toda vez que pueden ser capaces de tomar decisiones al respecto de la trayectoria de la persona y afectar con ello con ello sus capacidades, violando en consecuencia el derecho a la educación y el derecho a no sufrir discriminación[34]. Además, la propuesta de Reglamento contempla que para determinar cuáles son las medidas de gestión de riesgo más adecuadas se debe, «cuando proceda, impartir formación a los usuarios»[35]. Pero no exige de la obligación de hallarse con una capacitación previa en el manejo de sistemas de IA de alto riesgo, lo cual se representa en cierta medida un riesgo inaceptable que no deberían de asumir las modernas sociedades democráticas.

En lo concerniente a la responsabilidad la situación no es muy diferente. El futuro Reglamento prácticamente omite canalizar la forma mediante la cual será determinada la responsabilidad por el empleo de la IA sin por ello dejar de desconocer que este es un aspecto controvertido. En concreto refiere que en octubre de 2020 el Parlamento europeo aprobó varias resoluciones al respecto de la ética, la responsabilidad civil y los derechos de propiedad intelectual en lo concerniente al empleo de la IA. Sin embargo, desde que se aprobó la Resolución del Parlamento Europeo, de 20 de octubre de 2020, con recomendaciones destinadas a la Comisión sobre un régimen de responsabilidad civil en materia de inteligencia artificial, esta no ha sido desarrollada por la Comisión Europea.

---

33. Énfasis añadido. *Vid.* Parlamento Europeo, Informe sobre la inteligencia artificial en los sectores educativo, cultural y audiovisual [2020/2017(INI)], A9 0127/2021, p. 15.
34. *Vid.* Comisión Europea, Propuesta de Reglamento del Parlamento Europeo y del Consejo por el que se establecen normas armonizadas en materia de inteligencia artificial (Ley de inteligencia artificial) y se modifican determinados actos legislativos de la Unión, 21/0106 (COD), 2021, p. 30.
35. Ibídem, p. 54.

Es interesante destacar aquí, que la referida Resolución llama a evitar la sobrerregulación y la carga burocrática, equilibrando la balanza de la responsabilidad civil de la IA en la búsqueda de un equilibrio entre la protección del público y los incentivos empresariales para invertir en innovación[36]. Recordemos que los Reglamentos son normas de obligado cumplimiento por los Estados de la UE y que mediante la determinación concisa de la responsabilidad de la IA en el futuro Reglamento la sobrerregulación y la ambigüedad entre Estados.

Lo que sí parece anticiparse es que, en el empleo de aquellos sistemas de IA de alto riesgo, serán los usuarios los que deban asumir la responsabilidad en el empleo que se extralimite a las instrucciones contempladas por el fabricante de la IA[37]. Ello parece conducir al mantenimiento de un limbo de responsabilidad en el que, como apunta Herrera de la Heras, los robots no responderán de los daños provocados porque no son personas, ni jurídicas ni físicas, sino cosas[38]. Y cuándo el usuario, supervisor último de las decisiones de la IA, «renuncia al derecho de exigir que la decisión sea revisada por un ser humano, que forme parte de la entidad que haya tomado la decisión, no podrá responsabilizar a esa entidad, puesto que ha renunciado al ejercicio de un derecho»[39] posiblemente sin saberlo.

36. *Vid.* Parlamento Europeo, Régimen de responsabilidad civil en materia de inteligencia artificial. Resolución del Parlamento Europeo, de 20 de octubre de 2020, con recomendaciones destinadas a la Comisión sobre un régimen de responsabilidad civil en materia de inteligencia artificial [2020/2014(INL)], p. 12.

37. «Habida cuenta de las características de los sistemas de IA y de los riesgos que su uso puede conllevar para la seguridad y los derechos fundamentales, también en lo que respecta a la necesidad de garantizar la correcta vigilancia del funcionamiento de un sistema de IA en un contexto real, conviene definir las responsabilidades específicas de los usuarios. En particular, los usuarios deben utilizar los sistemas de IA de alto riesgo conforme a las instrucciones de uso». *Vid.* Comisión Europea, Propuesta de Reglamento del Parlamento Europeo y del Consejo por el que se establecen normas armonizadas en materia de inteligencia artificial (Ley de inteligencia artificial) y se modifican determinados actos legislativos de la Unión, 21/0106 (COD), 2021, pp. 36-37.

38. *Vid.* HERRERA DE LAS HERAS, R., Aspectos legales de la inteligencia artificial. Personalidad jurídica de los robots, protección de datos y responsabilidad civil, Dykinson, S.L., Madrid, 2022, p. 83.

39. Ibídem, p. 105. Con respecto a la opacidad Stankovich advierte de la problemática de que en los procesos automatizados de toma de decisiones se prestan a desafíos (por ejemplo, judiciales). «Estos incluyen la opacidad de la decisión en sí, su base y si las personas han dado su consentimiento para el uso de sus datos al tomar esta decisión o incluso son conscientes de cómo les afecta. No está claro a quién deben expresar las personas sus problemas con la decisión debido a la dificultad para asignar la responsabilidad de la decisión». *Vid.* STANKOVICH, M., *Kit de herramientas global sobre IA y el Estado de derecho para el poder judicial*, Organización de las Naciones Unidas para la Educación, la Ciencia y la Cultura, París, 2023, p. 143.

CONCLUSIONES

Durante la redacción de este estudio una vocecilla me preguntó un día: Papá. Entonces si un vehículo automático se sale de la carretera y tiene un accidente o atropella a un niño cuando está cruzando la calle por el paso de cebra ¿de quién es la culpa, del vehículo o del conductor? ¿Y qué ocurrirá si el vehículo es automático y no lleva conductor?

Llegados a este punto son infinitas las dudas y muy pocas las respuestas. A ninguna persona en su sano juicio se le ocurriría poner a los mandos de un avión a un menor sin ningún tipo de capacitación, entre otras cuestiones, porque la legislación nacional e internacional no lo ampararía. Sin embargo, en cuestión de años estamos asistiendo al despegue de una nueva forma de «volar» en la que adultos y menores navegamos sin rumbo ni control establecido.

Tal y como advertíamos al inicio de este capítulo, sería más que entendible, y especialmente justificada, la restricción algorítmica del acceso a la pornografía y a contenidos violentos a los menores de edad mediante el acceso obligado a la red a través de certificados digitales que las administraciones públicas expidieran a los mayores de edad que pretendieran acceder a ello. Sin embargo, ni de las propuestas emanadas de la ONU —con relación a la regulación de la IA— ni de la propuesta de Reglamento sobre IA en la UE, se contempla la protección efectiva del menor en estos aspectos.

En los últimos meses han comenzado a darse una concatenación de aberrantes casos en los que grupos de menores desnudaban a sus compañeras de clase por medio de la app: Clothoff.io.

Sin el consentimiento, ni el conocimiento de las víctimas, se realizaron las imágenes de las menores a través de la app y posteriormente fueron divulgadas en las redes sociales.

Obviamente este tipo de actuaciones tiene consecuencias jurídico-penales[40] pero ello no está impidiendo que otros menores continúen accediendo a esta u otras aplicaciones con contenidos pornográficos sin que las administraciones públicas realicen nada para impedirlo (manteniéndose hoy en día el acceso abierto a esa aplicación). Lo anterior, a pesar de que la normativa europea ampara la protección del menor y promueve «la coopera-

40. Al respecto de las mismas es posible ampliar información en: *Vid.* SALVADORI, I. *La protección penal del menor en internet: Análisis comparado entre España e Italia,* Canal UNED, 2023.
https://canal.uned.es/video/magic/p9h7x4erbhwcwk0w8og4wwwkkssgowc

ción entre las autoridades públicas, tanto con vistas a la retirada como al bloqueo de los contenidos de abusos contra menores»[41].

Si preocupante es el terrible impacto que está generando en nuestra población infantil el acceso a contenidos pornográficos y violentos, no es menos preocupante la flagrante vulneración de la privacidad de los ciudadanos. En este aspecto apunta Valls Prieto que únicamente con un buen control legal se puede proteger el Derecho fundamental a la intimidad[42]. Pero para ello es preciso que la preservación del bien común de la humanidad adelante a los intereses comerciales de los desarrolladores de IA[43].

Siguiendo a Barona Vilar, la tecnología no es buena ni mala, pero no es neutra. Sus resultados dependerán del empleo que se haga de la tecnología y por ello se dan circunstancias para comprender que su empleo debe de ser positivo «y en ese sentido y solo en ese habría que establecer la aplicabilidad»[44].

En este punto nos aborda la cuestión de cuál es la línea más adecuada para perseverar en el manejo de la IA: a) la de continuar la senda del regionalismo (que sin duda es la correcta si la opción mutua no se hace efectiva) o b) la de la actuación conjunta global. Para responder a esta cuestión quizá

41. Se establece así que los «Estados miembros adoptarán las medidas necesarias para garantizar la rápida retirada de las páginas web de Internet que contengan o difundan pornografía infantil que se encuentren en su territorio y procurarán obtener la retirada de las páginas de esa índole que se encuentren fuera de su territorio». *Vid.* Directiva 2011/92/UE del Parlamento Europeo y del Consejo de 13 de diciembre de 2011 relativa a la lucha contra los abusos sexuales y la explotación sexual de los menores y la pornografía infantil y por la que se sustituye la Decisión marco 2004/68/JAI del Consejo, artículo 25, p. L 335/13.

42. Para ello propone este autor la adopción de las siguientes medidas: «a) que haya un control efectivo de los algoritmos que ejecutan el análisis de datos; b) la creación de sistemas internos de control [...] c) que existan mecanismos de control externo —al igual que en el sector financiero existen las agencias de valoración—; además, es preciso d) la creación de algoritmos de control que pueden generados por los Estados y, finalmente, y este punto es de gran importancia, ya que los datos están en manos de muy pocos actores, e) la creación de una normativa anti-monopolio de datos para que el número de actores aumente y el ciudadano pueda elegir a quién le cede sus datos dependiendo de las garantías que se les ofrece». *Vid.* VALLS PRIETO, J., *Problemas jurídico penales asociados a las nuevas técnicas de prevención y persecución del crimen mediante inteligencia artificial*, Editorial Dykinson S.L., Madrid, 2017, p. 39.

43. «Humanizar la inteligencia artificial requerirá analizar y aplicar los avances tecnológicos a cada situación, de modo que las personas sean protagonistas de la planificación y realización de las innovaciones en procesos, servicios y productos». *Vid.* MALAVASI, P., *Educare robot? Pedagogía dell'intelligenza artificiale*, Vita e Pensiero, 2019, Egozcue, J. (Trad.), Editorial CCS, Madrid, 2021, p. 70.

44. *Vid.* BARONA VILAR, S., *Algoritmización del derecho y de la justicia. De la inteligencia artificial a la Smart Justice*, Tirant lo Blanch, València, 2021, pp. 499-500.

es mucho más importante que nos planteemos cual es el camino que deseamos tomar en nuestra proyección futura como humanidad.

José Antonio Marina puntualmente advierte que la glorificación de la libertad es un concepto creado por las culturas occidentales, siendo mucho más importante en otras culturas los valores de la paz, la concordia y la obediencia a la ley[45]. Por ello, siguiendo a Coeckelbergh, es el momento de aprender de otros sistemas políticos y de otras culturas. Una política de actuación respecto la IA que sea efectiva y esté bien justificada no debería evitar el intervenir en este tipo de discusiones ético-filosóficas y político-filosóficas [46]. Con ello se redundaría en la confluencia de respuestas y actuaciones globales para afrontar los desafíos globales.

De no darse un cambio real y no consigamos ser capaces de ponernos de acuerdo para establecer una regulación global de la IA, el peligro —tal y como apunta Coeckelbergh— estriba, de nuevo, en el ejercicio del poder sin conocimiento y (por lo tanto) sin responsabilidad.

Por muy precisas que se deseemos configurar las normas regionales, muy limitadas serán las posibilidades de regular un mercado regional de la IA cuando la IA se desenvuelve en un mundo global.

BIBLIOGRAFÍA

ALLPORT, D. W., *The Nature of Prejudice,* Malfé, R. (Trad.), Buenos Aires, Editorial Universitaria de Buenos Aires, 1977.

ASAMBLEA GENERAL DE LAS NACIONES UNIDAS, Septuagésimo cuarto período de sesiones, *Hoja de ruta para la cooperación digital: aplicación de las recomendaciones del Panel de Alto Nivel sobre la Cooperación Digital,* A/74/821, 2020.

BARONA VILAR, S., *Algoritmización del derecho y de la justicia. De la inteligencia artificial a la Smart Justice,* Tirant lo Blanch, València, 2021.

BODEN, M., *AI. Its Nature and Future,* Turner Publicaciones SL, Pérez Parra, I. (Trad.), 2022.

45. «Esta falsa idea de libertad lleva a la conclusión de que sólo se es libre si se está absolutamente desvinculado de todo. Y esto es una negación de la inteligencia comunitaria. Su fracaso». *Vid.* MARINA, J. A., *La inteligencia fracasada. Teoría y práctica de la estupidez,* Editorial Anagrama, S.A., Barcelona, 2008, pp. 152-153.
46. COECKELBERGH, M., *AI Ethics,* The Massachusetts Institute of Technology, Álvarez Canga, L. (Trad.), Ediciones Cátedra (Grupo Anaya, S.A.), 2021, pp. 146-147.

BOIX PALOP, A., «Los algoritmos son reglamentos: la necesidad de extender las garantías propias de las normas reglamentarias a los programas empleados por la administración para la adopción de decisiones», *Revista de Derecho Público: Teoría y Método*, Marcial Pons Ediciones Jurídicas y Sociales, Vol. 1/2020.

COECKELBERGH, M., *AI Ethics*, The Massachusetts Institute of Technology, Álvarez Canga, L. (Trad.), Ediciones Cátedra (Grupo Anaya, S.A.), 2021.

COMISIÓN EUROPEA, Propuesta de Reglamento del Parlamento Europeo y del Consejo por el que se establecen normas armonizadas en materia de inteligencia artificial (Ley de inteligencia artificial) y se modifican determinados actos legislativos de la Unión, 21/0106 (COD), 2021.

COTINO HUESO, L. en: SALAZAR, I. y BENJAMINS, R., *El algoritmo y yo. Guía de convivencia entre seres humanos y artificiales*, Ediciones Anaya Multimedia (Grupo Anaya, S.A.), Madrid, 2022.

CUATRECASAS MONFORTE, C., *La inteligencia artificial como herramienta de investigación criminal. Utilidades y riesgos potenciales de su uso jurisdiccional*, Wolters Kluwer Legal & Regulatory España, S.A., Madrid, 2022.

EUROPEAN COMMISSION, Regulatory framework proposal on artificial intelligence.

EUROPEAN COMMISSION, White paper. On Artificial Intelligence - A European approach to excellence and trust, COM (2020) 65 final, 2020.

GONZALO ARROYO, J., *Un mundo de fusión digital. IV Edición*, Canal UNED, 2023.

HERRERA DE LAS HERAS, R., *Aspectos legales de la inteligencia artificial. Personalidad jurídica de los robots, protección de datos y responsabilidad civil*, Dykinson, S.L., Madrid, 2022.

MADIEGA, T., «Artificial intelligence act», European Parliamentary Research Service, 2023.

MAESTÚ UNTURBE, F., *Desde el factor humano hasta la inteligencia artificial: una «evolución» de lo semántico a lo sintáctico*, 2023.

MALAVASI, P., *Educare robot? Pedagogía dell'intelligenza artificiale*, Vita e Pensiero, 2019, Egozcue, J. (Trad.), Editorial CCS, Madrid, 2021.

MARINA, J. A., *La inteligencia fracasada. Teoría y práctica de la estupidez*, Editorial Anagrama, S.A., Barcelona, 2008.

MARTÍN-HERRERA, D., *El problema del hate speech en Europa y su tratamiento por el Tribunal Europeo de Derechos Humanos*, Editorial Comares, Granada, 2021.

PARLAMENTO EUROPEO, Informe sobre la inteligencia artificial en los sectores educativo, cultural y audiovisual [2020/2017(INI)], A9 0127/2021.

PARLAMENTO EUROPEO, Régimen de responsabilidad civil en materia de inteligencia artificial. Resolución del Parlamento Europeo, de 20 de octubre de 2020, con recomendaciones destinadas a la Comisión sobre un régimen de responsabilidad civil en materia de inteligencia artificial [2020/2014(INL)].

PÉREZ BES, F., «Soft-Law, Self-Regulation and Compliance in AI», en: GARCÍA MEXÍA, P. y PÉREZ BES, F. (Edits.), *Artificial Intelligence and the Law*, Wolters Kluwer & Regulatory Spain, S.A., Madrid, 2021.

POLLICINO, O. & DE GREGORIO, G., «The principle of the rule of law in the regulation of AI», en: GARCÍA MEXÍA, P. y PÉREZ BES, F. (Edits.), *Artificial Intelligence and the Law*, Wolters Kluwer & Regulatory Spain, S.A., Madrid, 2021.

SALVADORI, I. *La protección penal del menor en internet: Análisis comparado entre España e Italia*, Canal UNED, 2023.

STANKOVICH, M., *Kit de herramientas global sobre IA y el Estado de derecho para el poder* judicial, Organización de las Naciones Unidas para la Educación, la Ciencia y la Cultura, París, 2023.

TÜRK, V., La inteligencia artificial debe tomar como base los derechos humanos, declara el Alto Comisionado, Oficina del Alto Comisionado de las Naciones Unidas para los Derechos Humanos, 2023.

UNITED NATIONS EXECUTIVE OFFICE OF THE SECRETARY-GENERAL (EOSG)YR, *A Global Digital Compact – an Open, Free and Secure Digital Future for All*, 2023.

VALLS PRIETO, J., *Problemas jurídico penales asociados a las nuevas técnicas de prevención y persecución del crimen mediante inteligencia artificial*, Editorial Dykinson S.L., Madrid, 2017.

VILLAS OLMEDA, M. y CAMACHO IBÁÑEZ, J., *Manual de ética aplicada en inteligencia artificial*, Ediciones Anaya Multimedia (Grupo Anaya, S.A.), Madrid, 2022.

Capítulo 2

Transformaciones del concepto de verdad

Some changes in the concept of truth

Antonio de Cabo de la Vega
Universidad Complutense de Madrid

Resumen

La noción de verdad está lejos de ser un concepto monolítico e inmutable, toda vez que resulta de complejas negociaciones en términos de poder, conocimiento y tecnología. La idea de verdad desempeña un papel crucial en los sistemas jurídico y judicial, puesto que ambos afirman partir de los hechos para adoptar decisiones válidas más allá de toda duda razonable. En el presente trabajo se estudian las relaciones entre algunos cambios recientes en el concepto general de verdad y el derecho, con la intención de revelar su naturaleza de constructo social, no sólo en el contexto del mundo de la posverdad, sino también en el de la edad dorada de la verdad científica de la Ilustración.

Palabras clave

Verdad – Autorización – Verificación – Virtualización – Posverdad

Abstract

The concept of truth, far from an eternal, monolithic notion is in fact the result of complex negotiations in terms of power, knowledge and technology. Truth comes as an essential element for the judicial and juridical systems, as they purport to take facts as a basis for decisions beyond a reasonable doubt. This essay explores the relations between recent changes in the general concept of truth and the law, to reveal the socially constructed nature of truth, not only in the context of a post-truth world, but also in the golden age of Enlightened scientific truth.

Keywords

Truth – Authorization – Verification – Virtualization – Post-truth

INTRODUCCIÓN

Aunque me parece evidente que vivimos una transición tecnológica sin precedentes, que, posiblemente, va a dejar sin contenido muchas de nuestras actividades, creencias, modos de socialización y en general modos de producción de la realidad, incluido el derecho, creo que eso no exime de someter a éste a una reflexión que, en otros tiempos, quizá hubiésemos llamado filosófica[1].

Partamos de un motivo mínimo en esta reflexión. Hace algunos años, los medios de comunicación difundieron dos noticias que invitan a la reflexión. Según la primera de ellas, las autoridades se habrían incautado de un millón de «falsos osos de peluche»[2]; según la segunda, la Unión Europea se propondría acotar, mediante el dictado de una directiva, la actividad de los «falsos videntes»[3]. ¿Qué quieren decir las expresiones entrecomilladas? ¿Qué es un «falso» oso de peluche (por oposición, aparentemente, a los «verdaderos» osos de peluche)? ¿Qué es un «falso» vidente? A poco que sometamos estas expresiones a análisis, aflora el hecho de que ambas parecen remitir, en esencia, a cuestiones de poder, de propiedad, de monopolio (de la verdad o de la producción), es decir, a relaciones sociales que aparecen naturalizadas (y escondidas) en el concepto de verdad.

Más generalmente, si hablamos de *fake news* o afirmamos que los algoritmos o los *bots* están intoxicando la red, es porque damos por hecho que tiene que haber algo verdadero sobre lo que informar y que las noticias «legítimas» nos dan acceso a esa verdad. Sin embargo, como veremos, no

1. Las reflexiones sobre la verdad, sus condiciones de obtención, su validez, sus clases, etc. constituyen, naturalmente, un elemento fundamental de la reflexión filosófica en occidente, desde sus orígenes en Grecia y resultaría, por tanto, una temeridad pretender esbozar aquí su desarrollo histórico. De entre la infinita bibliografía sobre la materia, puede tomarse como introducción la tesis doctoral de KULIS, M., *Changes in the Understanding of Truth*, Universidad de Letonia, Riga, 2015. *DOI: 10.13140/RG.2.2.22659.25122.*
2. *https://www.abc.es/espana/madrid/abci-incautados-mas-millon-peluches-falsos-lunnis-200607280300-1422642555514_noticia.html*
3. Por ejemplo, reflejada en *https://www.elperiodicodearagon.com/sociedad/2008/04/19/directiva-ue-aterroriza-gremio-britanico-47937005.html*

parece que haya, en principio, una cosa tan clara y transparente de la que podamos decir que es la verdad o lo verdadero[4].

I. LA VERDAD Y EL DERECHO

En el mundo del derecho, desde la reforma ilustrada que se opera en el Derecho penal auspiciada por las reflexiones de Cesare M. di Beccaria[5], se ha ido imponiendo un ideal procesal penal conforme a la cual el proceso tiene como objetivo la búsqueda de la verdad. Efectivamente, la sentencia tiene como finalidad expresar los hechos probados sobre los que luego recaerá una calificación jurídica y, en su caso, una condena para un sujeto al que se reputa su autor; con el presupuesto (tácito) de que es posible encontrar una verdad sobre la cual, después, construir unas consecuencias (lógico-penales). Llama la atención que este no es, por ejemplo, el presupuesto básico del proceso civil, puesto que, como se afirma desde la reformulación en el *ius commune* medieval del Derecho romano (*D.* 1, 18, 6, 1) *iudex iudicat secundum allegata et probata partium* (u otras formulaciones análogas, incluida la del artículo 216 de la vigente Ley de Enjuiciamiento Civil[6]), el juez juzgará conforme a lo que las partes prueben y aleguen, es decir, aquel subconjunto de los hechos que las partes consideren oportuno traer a colación, pero no necesariamente la verdad. Dicho de otra manera, en un juicio civil nunca se determina quién es el «verdadero» dueño del objeto litigioso, sino quién probó, conforme a derecho, con los hechos que quiso seleccionar, que tenía derecho (en esas condiciones) a ser considerado dueño.

Efectivamente, esta verdad ilustrada sobre la que se ha montado el Derecho penal viene a querer decir algo así como una correspondencia entre la enunciación verbal y los hechos acaecidos fuera del lenguaje. Es decir, consideramos que algo es verdad cuando se afirma, por ejemplo, «ahora llueve» y fuera del lenguaje, en ese momento, llueve.

Esta visión ilustrada tiene una serie de presupuestos básicos que no son ni tan elementales ni tan seguros como pudiera parecer a primera vista. Primero, presupone que hay un universo racional o, al menos, que hay un universo con estabilidad en los hechos, ya que si, por ejemplo, nos movié-

4. Es decir, que estamos ante una «historia de la verdad». La expresión fue utilizad originalmente por M. Foucault en Foucault, M., *Leçons sur la volonté de savoir*, EHESS-Gallimard-Seuil, París, 2011, p. 195.

5. *Vid.* BECCARIA, C., *De los delitos y de las penas* (traducción de P. Andrés), Editorial Trotta, Madrid, 2011.

6. *Cf. Vid.* PICÓ I JUNOY, J., *El juez y la prueba. Estudio de la errónea recepción del brocardo* iudex iudicare debet secundum allegata et probata, non secundum conscientiam *y su repercusión actual*. Bosch, Barcelona, 2007.

ramos en un universo en su dimensión cuántica, no se podrían formular esas afirmaciones de verdad, al carecer aquél de la estabilidad racional requerida en su sentido más pedestre, puesto que las cosas pueden ser y no ser simultáneamente. Necesitamos, pues, un universo *newtoniano* y no *schrödingeriano*.

Presupone, además, que este mundo es cognoscible, porque si existe un mundo racional exterior pero no podemos tener acceso a él, tampoco podemos saber si lo que decimos es o no verdad. Es decir, presupone que hay una correspondencia entre nuestra capacidad intelectual y la forma de funcionar de nuestro cerebro, y el mundo exterior. Si lo queremos decir más técnicamente, presupone que el cosmos está ordenado conforme a un principio racional que es isomórfico con la racionalidad humana. Suposición que tampoco parece compadecerse mucho con lo que sabemos a partir de la neurociencia, ya que tampoco nuestro cerebro parece funcionar con leyes *newtonianas*. Presupone, por último, que hay un lenguaje capaz de expresar ese universo, puesto que no sólo el universo debe ser establemente fácticamente y nuestro cerebro isomórfico en su lógica para captarlo, sino que tiene que existir, además, un dispositivo verbal que permita enunciar aquello que está sucediendo. Si no se dan estas condiciones, esta verdad (ilustrada) no se puede afirmar.

II. LA VERDAD COMO AUTORIZACIÓN

No es raro que este concepto de verdad sea muy reciente, ya que, como acabamos de ver, sus presupuestos son muy exigentes y sólo como consecuencia de la revolución ilustrada, de la revolución de las ciencias naturales, del racionalismo, de Newton o de Immanuel Kant comienza a creerse en su existencia.

La noción de verdad que previamente había imperado en la sociedad es la de la verdad como autorización. Es decir, algo es verdad dependiendo de quién lo dice, de quién da testimonio de la verdad. Por ejemplo, en *Juan* 14:6, el Nazareno afirma «yo soy el camino, la verdad y la vida». No dice, «yo digo la verdad», sino «yo soy la verdad», porque la verdad es verdad no por alguna característica del contenido de la elocución, sino porque yo la digo, que soy el que autorizo la verdad y, por tanto, también el que la crea. Si nos queremos ir a una referencia no del mundo creyente, sino del mundo pagano, hay en la *Ilíada* (II, 211 y ss.) un pasaje muy conocido en el que, en el seno de la asamblea de los jefes aqueos, se está discutiendo (entre héroes y reyes) qué curso de acción tomar frente a la renuncia al combate del pélida Aquiles. Allí irrumpe en la conversación de sus mayores Tersites, presentado como un personaje ridículo. Todo cuanto dice es automáticamente descalificado por Agamenón y compañía, que lo terminan expulsando de la asamblea no por el contenido de sus propuestas, sino por quién las dice. La verdad no puede salir de la boca de Tersites porque no hay un autorizador de esta verdad.

De esta noción de la verdad como autorización, se deduce que, en el derecho, tradicionalmente y hasta la Ilustración, la prueba por excelencia es la confesión porque la confesión da autoridad a la verdad enunciada. Si una persona enuncia un hecho que lo perjudica, se confiesa culpable de un delito, ello se convierte en la prueba por excelencia (*confesso pro iudicato habetur, D.* 42, 2, 3). Que era la prueba por excelencia lo sabemos también por la insistencia del Tribunal del Santo Oficio en que el reo confesara. Se torturaba hasta lograr la confesión porque, pese a que a esa persona a la que se acusaba de brujería, según esos mismos jueces, se le había visto volar en una escoba, transformarse en gato o lo que fuera, sólo con la confesión había una enunciación de la verdad (ya que la tortura y la cercanía de la muerte y su juicio convertían al reo en un sujeto autorizante de la verdad).

Esta misma concepción de la verdad es la que aparece en el régimen (en castellano y en tantos otros idiomas) de los verbos que significan creer. Así, se dice «creo en dios» y no «creo a dios». Porque lo que se quiere decir es «yo me ligo en una relación de confianza con dios, de manera que lo que dios dice tiene que ser verdadero, justamente, porque es depositario de mi confianza». Es decir, permanece insertada en la sintaxis esta idea de la verdad como momento de la autorización.

III. LA VERDAD COMO CORRESPONDENCIA ENTRE EL LENGUAJE Y LOS HECHOS

Como decía antes, esta noción de la verdad viene a desplazarse a partir del último tercio del siglo XVIII, de la Ilustración y la racionalización, por esta idea de la verdad como correspondencia entre el lenguaje y los hechos. Hechos que, no en vano, comienzan a poder medirse con precisión también en este momento. Es cuando aparecen los instrumentos de medida modernos, cuando se sofistican los termómetros, los relojes, los astrolabios, etc. Aparece, por tanto, un mundo que es racionalmente medible, conmensurable, respecto del cual se puede modular si hay o no correspondencia con la expresión verbal[7]. Y, en ese contexto, la confesión queda desplazada por la prueba documental. La prueba documental se convierte en la reina de la prueba. Al punto que hoy en día, si afirmo «yo tengo una

7. En un sentido más radical, cabría decir que son los instrumentos de medida los que inventan o crean los «hechos» en el sentido en que nosotros damos a ese término.

prueba», se interpreta inmediatamente que lo que poseo es un documento, una grabación, etc.

En el mundo procesal penal se dice con frecuencia, informalmente, «el ADN mata todo», es decir, si aparece ADN el juicio ha terminado. Y ello porque el ADN responde perfectamente a esa conmensurabilidad que permite ser expresada verbalmente en una afirmación categórica. Naturalmente, en un mundo en el que los procesos penales están basados en esta idea de verdad como correspondencia entre la prueba documental y la enunciación verbal de la misma, hay riesgo de engaño; y no en vano el proceso penal está construido, fundamentalmente, para intentar hacer imposible ese fraude, es decir, para intentar hacer imposible que esa prueba documental haya sido falsificada. Ya dolosamente, porque la persona quiere engañar, ya culposamente por inadvertencia del que presentó la prueba o incluso de manera totalmente involuntaria, puesto que hoy sabemos que, según dice la neurociencia, en un sentido profundo, todas las declaraciones de los testigos son falsas, puesto que la forma en la que se almacena la información en nuestro cerebro no permite repetir una escena, sino que siempre hay un juicio complementario a aquello que se recuerda (una recreación), puesto que la forma en que se almacena esa información no es como lo hace una máquina de vídeo o una grabadora, sino que se anexa a las consideraciones, sentimientos, antecedentes de dicho sujeto. Justo porque todo esto es así, el proceso penal tiene una fase probatoria que tiene que hacerse en sala y no en ningún otro lugar, donde la inmediación del juez con la prueba es fundamental para percibir si ha habido esa suerte de engaño. Y, junto con la prueba documental, el otro gran protagonista del proceso es el perito, que es el adjudicador oficial de la verdad.

IV. EL ASALTO CIENTÍFICO Y TECNOLÓGICO A LA VERDAD

El sentido de toda esta reflexión no es otro que poner sobre el tapete que este modelo se está tambaleando por la irrupción de dos hechos novedosos. En primer lugar, la ciencia actual se mueve en un nivel que es esencial y radicalmente incomprensible e incontrolable para el lego. Mientras que en tiempos de Newton una persona culta podía entender las leyes del movimiento uniformemente acelerado, hoy en día una persona culta no puede explicar una expresión cuántica. Puede dar una metáfora, expresar en forma paradójica la ubicación del gato en la caja, pero si se le pide que salga al encerado y resuelva una ecuación cuántica, sencillamente, no tiene idea de lo que le están hablando. Y, por supuesto, lo que se dice de la ciencia fisicomatemática se dice, prácticamente, de cualquier otro saber. Por la tanto, para el lego (es decir, para la sociedad tomada en su conjunto), la ciencia es abstrusa al cien por cien, es incomprensible y totalmente incontrolable, no podemos saber de ninguna manera si es verdad o mentira. Y si lo es para el lego, no lo es menos para el juzgador, que igualmente no entiende una palabra de los testimonios científicos que se le están ofreciendo. Son famosos, por ejemplo, los casos de las imágenes de la actividad cerebral utilizadas, presuntamente, para detectar la mentira, en la que los espectadores contemplan unas bellas imágenes del cerebro llenas de colores de las que tendrían que concluir quién miente y quién no... Esta inconmensurabilidad de la prueba, esta ininteligibilidad de la ciencia provoca los efectos más paradójicos. Es causa, por un lado, de lo que se suele llamar el efecto CSI o *CSI effect*. Esa fe en que la ciencia tiene una respuesta para todo interrogante que se haya producido, y que, por lo tanto, va a aparecer un perito, como sucede en las series norteamericanas, con una prueba científica incontrovertible. Los jurados dormitan aburridos durante las sesiones esperando a que llegue el momento CSI con su prueba incontrovertible (que, por lo demás, no entienden en absoluto).

Junto a esto tenemos todos los problemas del *deep fake*, es decir, la situación de sorpresa que se produce cuando el juzgador, el jurado o el lego es confrontado con un documento verdadero y un documento *deep fake* y comprueba que es imposible distinguirlos. La consecuencia es que entran, paradójicamente, a colación todo tipo de sesgos, prejuicios y preferencias personales en sustitución de lo que se percibe como una imposible objetividad. A esto se añade que existe una disparidad irresoluble entre las partes y su capacidad de acceso a la prueba, mientras unos pueden acumular un arsenal tecnológico-científico de pruebas otros deben confiar tan sólo en su testimonio.

Por tanto, en definitiva, el problema es que se ha roto esa conexión evidente entre la verdad exterior, su enunciación lingüística y un mecanismo de comprobación, la prueba, el perito, etc. sumiéndonos en la confusión. De hecho, como es sabido, ahora uno de los puntos principales en un juicio es la lucha por la admisión de las pruebas, porque una vez admitidas y como nadie las entiende, puede lograrse cualquier resultado.

Se da también un segundo elemento de transformación que constituye una suerte de salto extraprocesal en la concepción de la verdad. Efectivamente, estamos asistiendo en los últimos años, no ya a una denegación de la confluencia entre el lenguaje y la realidad exterior, sino a la construcción deliberada de una realidad exterior paralela a la realidad físico material. Esta construcción de una realidad que no es ni verdadera ni falsa en el sentido clásico de la palabra, posee algunas características llamativas. Por un lado, es una realidad creada por unos agentes concretos con intereses específicos que desarrollan esa realidad no de manera neutral, sino como una alternativa valorativa a la realidad común. De hecho, quienes no poseen redes sociales viven en un mundo diferente al de los que sí son sus usuarios. Además, es un mundo creado por sujetos que no necesariamente se ocultan; es decir, que no funciona exactamente como la construcción ideológica clásica, ya que en términos *gramscianos* podríamos decir que la clase dirigente siempre intenta volcar un determinado contenido ideológico sobre la sociedad. Para decirlo en términos marxistas muy clásicos, las verdades de la clase dirigente son las verdades sociales, la ideología de la clase dirigente es la ideología social. Pero tradicionalmente nos enfrentamos a un volcado subrepticio, es decir, la clase dirigente no confiesa que te está mintiendo, sino que intenta convencerte de que son los portadores de la verdad. Sin embargo, en la actualidad no se trata de convencerte de que el mundo de las redes es verdad, es decir, cuando te piden que vivas tu vida en el metaverso, no te están diciendo, en modo alguno, que el metaverso es verdadero. No, te están diciendo que abandones el mundo verdadero e ingreses en este nuevo y diferente.

Otro elemento distintivo de esta nueva situación es que hay, con mucha frecuencia, una colaboración espontánea de los engañados, es decir, estos engañados son artífices de su propio engaño y dedican su vida a engañarse. En fenómenos como el de QAnon sucede que, ante una mínima propuesta proveniente de esa fuente, hay millones de personas que se plantean activamente cómo podrían engañarse todavía más a partir de esto que les dicen, construyendo cada uno su teoría conspiratoria en la que son ellos los actores de su propio engaño (naturalmente, porque sencillamente la realidad, vamos a decir, físico-material, no les parece suficientemente buena, atractiva, etc.).

CONCLUSIONES

Ahora bien, un mundo en el que se está construyendo esta realidad paralela, una realidad paralela donde se dilucidan las elecciones, donde se dilucida el valor de mercado de los productos, donde se dilucidan las opciones financieras, supone una realidad que apenas si admite el modelo clásico de prueba. Es decir, cuando hay un juicio, es como si intentáramos extraer una pequeña porción de la realidad, sacarlo del mundo de las redes virtuales y volver a un mundo *newtoniano* donde los hechos son los hechos, las personas son las personas, los documentos son los documentos, pero sin poder evitar estar rodeados de una nube que nos envuelve en la que las cosas no son así. Y esto, donde está más avanzado, es, probablemente, en Estados Unidos de Norteamérica, donde podemos asistir a un juicio que funciona conforme a unas «reglas de evidencia» (tal como se denominan significativamente en el Derecho procesal norteamericano[8]) newtonianas, pero que, al mismo tiempo, está siendo retransmitido a la red donde es deglutido por esa otra realidad paralela en la que «verdaderamente» se dilucida si las cosas son verdad, son mentira, si son creíbles, si no son creíbles. Todo esto a partir de una realidad paralela donde hay una participación espontánea de todos por dejarse engañar.

¿Qué es lo que nos indica todo esto? Pues que un estado de cosas de este tipo es muy difícil de afrontar en términos procesales porque rebasa, con mucho, el ámbito del proceso. Si queremos hacer frente o creemos que debemos hacer frente a esta situación, la solución tiene que ser de políticas públicas, no puede ser de reforma procesal. Es decir, no vamos a conseguir construir una barrera infranqueable de manera que dentro de la sala el mundo funcione *newtonianamente* y conforme a reglas de evidencia, si el resto del mundo está sumido en un mundo paralelo, paranoico, conspirador, donde la verdad es o no es. Y, por tanto, mientras no se busque una solución global a ese problema o, digamos, se aborde ese problema globalmente, difícilmente se va a conseguir que unos sujetos concretos, durante un breve espacio de tiempo y encerrados en una habitación, sigan funcionando conforme a unas reglas de evidencia, de verdad, de correspondencia físico-material dentro de lo enunciado y lo dicho. En definitiva, la crítica a la situación en que se ejecutan los procesos, sobre todo penales que son los que más prioritariamente buscan la verdad, involucra una crítica general al estado de la sociedad y al desarrollo de la sociedad tecnológica y de la información.

En un orden de cosas más abstracto, esta reflexión también nos debería ayudar a comprender que la llamada posverdad es posverdad respecto de una verdad que, a su vez, fue posverdad de otra anterior y así sucesivamente. Es decir, que todas esas verdades han sido construidas socialmente en cada momento histórico con rendimientos diferentes. La pregunta, por tanto, es, ¿qué rendimiento social nos va a dar nuestra actual posverdad? Que sólo es «post», respecto de una verdad previa que era la verdad como equivalencia entre el mundo exterior y el enunciado lingüístico. Verdad que era posverdad respecto de la verdad anterior entendida como autorización. En concreto, debemos asumir que la razón por la cual nuestra actual posverdad puede servir socialmente como verdad, es porque la verdad anterior no es tan fácil de defender, puesto que está basada en unos presupuestos epistemológicos, antropológicos que han ido siendo socavados por la propia evolución de la ciencia y el conocimiento.

8. Pueden consultarse en *https://www.rulesofevidence.org*

BIBLIOGRAFÍA

BECCARIA, C., *De los delitos y de las penas* (traducción de P. Andrés), Editorial Trotta, Madrid, 2011.

FOUCAULT, M., *Leçons sur la volonté de savoir*, EHESS-Gallimard-Seuil, París, 2011.

KULIS, M., *Changes in the Understanding of Truth*, Universidad de Letonia, Riga, 2015. DOI: 10.13140/RG.2.2.22659.25122.

PICÓ I JUNOY, J., *El juez y la prueba. Estudio de la errónea recepción del brocardo* iudex iudicare debet secundum allegata et probata, non secundum conscientiam *y su repercusión actual*. Bosch, Barcelona, 2007.

Capítulo 3

Algunas consideraciones sobre subjetividad y responsabilidad de la IA

Some considerations on AI subjectivity and responsibility

ZLATA DRNAS DE CLÉMENT*
Universidad Nacional de Córdoba

Resumen

Ante la fuerte evolución de la inteligencia artificial (IA) en estos últimos tiempos surgen como cuestiones jurídicas nuevas la atribución de personalidad jurídica y responsabilidad a la misma. En este trabajo hacemos una rápida presentación de las distintas posiciones doctrinarias y sus visiones críticas.

Palabras clave

Inteligencia Artificial – Subjetividad – Responsabilidad

*. Doctora en Derecho y Ciencias Sociales por la Universidad Nacional de Córdoba (UNC) Argentina. Profesora Emérita de la UNC y Profesora Emérita de la Universidad Católica de Córdoba (UCC) Argentina. Catedrática de Derecho Internacional Público en la Facultad de Derecho de la UNC y Catedrática de Teoría de las Relaciones Internacionales en la Facultad de Ciencia Política y Relaciones Internacionales de la UCC. Miembro de Número de la Academia Nacional de Derecho y Ciencias Sociales de Córdoba. E-mail: zlata1@fibertel.com.ar; tel.+543514332059; identificador ORCID 0000-0002-8971-7942.

Abstract

Given the strong evolution of artificial intelligence (AI) in recent times, the attribution of legal personality and responsibility to it arise as new legal issues. In this paper we make a quick presentation of the different doctrinal positions and their critical visions.

Keywords

Artificial Intelligence – Subjectivity – Responsibility

ASPECTOS INTRODUCTORIOS

El uso de la IA está en crecimiento permanente. Según Ryan Long[1], el mercado de Inteligencia Artificial (IA) se valoró en $27,3 en 2019 y se prevé que crezca a $266,920 millones para 2026. Las aplicaciones de IA asociadas también han crecido. Por ejemplo, el mercado de la tecnología de reconocimiento facial —gran parte de la cual utiliza IA— tenía un valor de 3.720 millones de dólares en 2020 y se prevé que crezca a 11.620 millones de dólares en 2026. Ello, a pesar de que se sabe que la IA frecuentemente identifica de modo erróneo los rostros y que esos usos pueden generar distintos tipos de responsabilidad en los planos nacional e internacional[2].

En trabajo anterior[3] hemos hecho presente que la evolución de la inteligencia artificial (IA) plantea nuevas preocupaciones y desafíos jurídicos y éticos, especialmente en lo que hace a las implicaciones de las tecnologías basadas en la IA, la que muchas veces desvanece la frontera entre los sujetos humanos y los «entes» tecnológicos, haciendo jugar la concepción de «sujeto de derecho» y su consecuente «responsabilidad».

La doctrina está dividida, oscilando entre los que creen razonable la asignación de personalidad jurídica propia a la IA (ya sea con derechos

---

1. *Vid.* LONG, Ryan E. «Liability laws are changing», en *Cyberlaw, Stanford Blog,* de 17 de marzo de 2023 (https://cyberlaw.stanford.edu/blog/2023/03/artificial-intelligence-liability-rules-are-changing-1#:~:text=The%20implication%20is%20that%20creators, the%20licensor%20and%2For%20licensee).
2. Los índices de imprecisión pueden alcanzar porcentajes elevados. Por ejemplo, en un momento se informó que el algoritmo que ejecuta la tecnología de reconocimiento facial de la Policía Metropolitana de Londres tenía una tasa de error de hasta el 81% (Ibidem).
3. *Vid.* DRNAS DE CLÉMENT, Zlata. «Inteligencia artificial en el Derecho internacional. Naciones Unidas y Unión Europea», *Revista de Estudios Jurídicos* de la Facultad de la Universidad de Jaén, España, N.° 22 (2022) (https://revistaselectronicas.ujaen.es/index.php/rej/article/view/7524).

solamente o con derechos y deberes) y los que niegan totalmente esa posibilidad.

En esta breve presentación efectuaremos primero algunas consideraciones en torno a la subjetividad (I), para pasar luego a la responsabilidad (II).

I. SUBJETIVIDAD DE LA IA

Themistoklis Tzimas[4] considera que la IA plantea desafíos históricamente únicos sobre la base de sus características ontológicas y principalmente de su autonomía emergente. Estima que la autonomía que los desarrollos de la IA conllevan tiene el potencial de conducir a establecer una personalidad real, o elevar las entidades de IA al estado de «ser», lo que propicia la atribución de personalidad. En este marco, se manifiesta a favor de construir una respuesta común, a través del Derecho internacional (DI) por valorar en el DI el peso de su característico principio de supremacía. Estima necesaria la regulación de las entidades de IA que descansan en una fase tecnológica que ha superado el nivel de «res», aun cuando no constituyan todavía «seres» autónomos, planteando así la cuestión de la atribución de personalidad jurídica, que podría adoptarse en el marco regulatorio de los bienes públicos, de los bienes comunes e, incluso, de los bienes comunes globales[5], tanto para las propias entidades, como para sus creaciones.

---

4. *Vid.* TZIMAS, Themistoklis. «Artificial Intelligence as Global Commons and the "International Law Supremacy" Principle», *Advances in Social Science, Education and Humanities Research*, volume 211, p. 83 y ss.
5. Emma Sabzalieva y José Antonio Quinteiro, en nota publicada por la UNESCO (https://www.iesalc.unesco.org/2022/04/10/bienes-publicos-bienes-comunes-y-bienes-comunes-globales-una-breve-explicacion/) distinguen entre «bien público», «bien común» y «bien común global» en base a la práctica de la UNESCO y la Organización de las Naciones Unidas. Señalan que los límites de estos conceptos son borrosos e imprecisos, sobre todo porque el lenguaje está muy entroncado en las connotaciones ideológicas del discurso político. Por ejemplo, tomando por referencia a la educación superior, recuerdan que en la Primera y en la Segunda Conferencias Mundiales de Educación Superior de la UNESCO (1998 y 2009 respectivamente), se habló de la educación superior como un ***bien público.* La idea de *bien común* surgió de la necesidad de quitar la concepción de que la** calidad que la enseñanza superior requiere se vincula ineludiblemente a la exclusión. El informe de 2015 «Rethinking Education» (https://unevoc.unesco.org/e-forum/RethinkingEducation.pdf), consideró la utilidad de calificar a la educación y el conocimiento como ***bienes comunes globales*** para reafirmar la dimensión colectiva de la educación en todos sus niveles como un bien y una responsabilidad compartida globalmente.

La concepción de persona ha ido evolucionando en distintos ordenamientos jurídicos[6]. La irrupción de nuevos sujetos de derecho en los sistemas jurídicos de Ecuador[7], Bolivia[8], Colombia[9], Nueva Zelanda[10] —entre otros—, asignando personalidad a seres diferentes de los humanos, saliendo de la visión antropocéntrica para volcarse a la ecocéntrica (*v.g.* sujetos sintientes, ecosistemas, naturaleza como tal, planeta, Madre Tierra, universo, etc.) abre nuevos caminos y modos de percibir a los «seres». Incluso, en ciertos países se ha otorgado personalidad jurídica a templos (India)[11]. De modo similar se podría —con visión tecnocéntrica (realidad social)— asignar personalidad a las inteligencias artificiales, androides, robots. Especialistas en IA, señalan que, así como los seres sintientes que perciben el ambiente con sus sentidos y procesan la información por su sistema nervioso central, teniendo la posibilidad de sentir emociones como el miedo, el dolor, la alegría, el estado de satisfacción etc., así las máquinas han ido adquiriendo capacidades de similar naturaleza y probablemente con el tiempo alcancen una sensibilidad de alta calidad, independientemente de que no sean seres «vivientes» con autonomía propia de subsistencia[12]. Más aún, muchos consideran que las «machine learning» (ML) que aprenden de su entorno, los androids, los robots y equivalentes presuponen la existencia de seres racionales autónomos del control humano, por lo que la concepción jurídica de «cosas» debe ser revisada, recurriendo —tal vez— al plano de las personas jurídicas, entidades no humanas a las que la ley otorga ciertos derechos y deberes. Tal el caso de las

6. *Vid.* CEBALLOS ROSERO, Franco. «Otros sujetos de derecho o personas (¿)», *Revista Estudios Socio-Jurídicos*, 22-1, 2019, p. 321 y ss.
7. En Ecuador se constitucionalizaron en 2008 los derechos de la naturaleza, habiendo dado lugar a numerosas acciones judiciales, entre ellas las relativas al río Blanco, al río Vilcabamba, al estero Wincheles, a Galápagos, entre otras.
8. En Bolivia, el 21 de diciembre de 2010 se puso en vigencia la Ley de Derechos de la Madre Tierra (Ley 71), que tiene por objeto reconocer los derechos de la Madre Tierra, así como las obligaciones y deberes del Estado Plurinacional de Bolivia y de la sociedad para garantizar el respeto de esos derechos. V. VARGAS LIMA, Alan E. «El derecho al medio ambiente en la Nueva Constitución Política del Estado Plurinacional de Bolivia», *Anuario de Derecho Constitucional Latinoamericano*, Año XVIII, 2012, p. 257 y ss.
9. Por ejemplo, Colombia reconoció por Ley 99 de 1993 (art. 3) a las *generaciones futuras* como un sujeto de derecho.
10. En Nueva Zelanda, en 2014, se reconoció «entidad jurídica» al Parque Nacional Te Urewera «[con] todos los derechos, facultades, deberes y responsabilidades de una persona jurídica»; en 2017 se ha asignado personalidad al Río Wanganui.
11. En *Masjid Shahid Ganj v. Committe Shiromani Gurudwara Prabandhak* (*AIR* 1938 Lah. 369) el pleno del *Tribunal Superior* sostuvo que un templo era una «persona jurídica» (https://indiankanoon.org/doc/1478973/). *Vid.* CHESTERMAN, Simon. «Artificial intelligence and the limits of legal personality», *International and Comparative Law Quarterly*, Cambridge University Press, p. 819 y ss. (https://doi.org/10.1017/S0020589320000366).
12. *Vid.* CEBALLOS ROSERO, Cit.

corporaciones y asociaciones comerciales, las entidades religiosas, sujetos gubernamentales e intergubernamentales.

Ya en 1926 John Dewey[13], señalaba: «*person* signifies what law makes it signify». Además, citando a otros autores, recuerda que «artificial» no es sinónimo de «ficticio». «Lo que es artificial es real, y no imaginario; un lago artificial no es un lago imaginario»; Negar personalidad a una corporación porque es la ley la que la ha creado es como decir que una locomotora no tiene entidad propia porque «solo» el hombre le da existencia. Podemos observar que en estas reflexiones aparecen distintos niveles de significado: personalidad, capacidad, subjetividad jurídica. Por nuestra parte creemos que, en el caso de IA, Android, robot o equivalentes, permanece la «cosa» (como la locomotora que refiriera Dewey) pero su producido funcional (capacidad) —si no está activa o no tiene aptitud para estarlo (imposibilitada material o jurídica para cumplir el fin para el que fue creada)—, no le permite ser «sujeto», «ser», sino constituir un mero ensamble de elementos materiales inertes. Esa «activación», «energía» de la IA aún hoy depende del hombre. Por ello los negativistas —como Yuwen Shi entre otros— consideran que la IA «no puede ni debe ser titular de ningún derecho o interés, ni puede soportar ninguna responsabilidad u obligación». «La IA no debe estar dotada de personalidad jurídica»[14].

En Derecho internacional público la idea de «sujeto de derecho», «ente con subjetividad internacional» no es uniforme. Según Hans Kelsen[15], por ejemplo, es sujeto toda persona física o jurídica cuya conducta es regulada directamente por normas internacionales en tanto el orden jurídico se asienta en un sistema de normas (personas sujetas a un orden jurídico); Julio Barberis[16] ha considerado que es sujeto todo ente para quien la norma prevé una conducta como derecho o como obligación; Wilhelm Wengler[17] ha requerido que el ente sea capaz de ser destinatario de una san-

13. *Vid.* DEWEY, John. «The Historic Background of Corporate Legal Personality», *Yale Law Journal* (1926), Vol. 35-6, p. 655.
14. *Vid.* SHI, Yuwen. «On Negativism of Legal Personality of Artificial Intelligence», *Journal of Education, Humanities and Social Sciences* ALSS 2022, Volume 1 (2022), p. 90 y ss. (https://doi.org/10.54097/ehss.v1i.645).
15. *Vid.* RIGAUX, François. «Hans Kelsen on International Law», *European Journal of International Law,* 9 (1998), p. 325 y ss.
16. *Vid.* BARBERIS, Julio A. «Nouvelles questions concernant la personnalité juridique internationale», *Collected Courses of the Hague Academy of International Law,* Volume 179, 1983, p. 157 y ss. (http://dx.doi.org/10.1163/1875-8096_pplrdc_A9789024729487_02).
17. KUNZ, Josef L. «Review of Wilhelm Wengler, *Volkerrecht*», *The American Journal of International Law,* Vol. 59, No. 2 (April, 1965), p. 403 y ss.

ción; Konstantinos Efstathiadis[18] considera sujeto internacional a quien es titular de derechos (que puede hacer valer internacionalmente) y titular de deberes (por los que puede ser reclamado internacionalmente); Jean Charpentier[19], desde una visón propia de las relaciones internacionales, considera sujeto a toda entidad investida por el derecho internacional general de una capacidad de iniciativa susceptible de establecer o modificar el ordenamiento jurídico internacional («reconocimiento de identidad»[20]). Por nuestra parte, entendemos que se debe distinguir entre subjetividad internacional y titularidad de derechos y/o deberes. La primera implica capacidad para crear, modificar, extinguir derechos o deberes, mientras que la segunda requiere capacidad para reclamar o ser reclamado ante tribunales internacionales[21].

Tal como lo señalara Dewey hace casi un siglo —y que refiriéramos *supra*— «persona significa lo que la ley hace que signifique».

Así, en el plano interno, por ejemplo, en el Código Civil y Comercial (CCC) de Argentina, el art. 141 establece que: «Son personas jurídicas todos los entes a los cuales el ordenamiento jurídico les confiere aptitud para adquirir derechos y contraer obligaciones para el cumplimiento de su objeto y los fines de su creación». En el caso de la persona humana, preexistente al ordenamiento legal, cualquier limitación a su capacidad constituye una excepción. Lo contrario sucede con las personas jurídicas, a las que la aptitud que se les confiere para adquirir derechos y contraer obligaciones aparece limitada al cumplimiento de su objeto y los fines de su creación («principio de especialidad»)[22].

Es la ley del país la que determina cuáles son las personas jurídicas públicas y cuáles las privadas. Así, en CCC de Argentina, la Iglesia Católica es considerada persona jurídica pública (art. 146), en tanto, las demás igle-

18. *Vid.* EFSTATHIADIS, Konstantinos, Obra colectiva CONSTANTINOPOULOS D.-EFSTATHIADIS, K. *et al. Grundprobleme des internationalen Rechts: foundamental problems of international law: problèmes fondamentaux du droit international, Festschrift für Jean Spiropoulos.* Schimmelbusch, 1957, p. 223 y ss.
19. *Vid.* CHARPENTIER, Jean. *La Reconnaissance Internationale el l'Évolution du Droit des Gens,* Pedone, Paris, 1956 (thèse pour le doctorat), p. 15 y ss.
20. Reconocimiento de igualdad subjetiva de pueblos y grupos beligerantes a la luz de la descolonización y el fin de la Guerra Fría.
21. *Vid.* DRNAS DE CLÉMENT, Zlata. *Derecho Internacional Público. Guía de Estudio I,* Lerner Editora, Córdoba, 2004, p. 21.
22. *Vid.* JUNYENT BAS, Francisco A. «Principales líneas sobre la persona jurídica en el Código Civil y Comercial», *Revista de la Facultad de Ciencias Económicas,* UNNE Número 14, p. 68 y ss.

sias son consideradas personas jurídicas privadas. Es la ley la que ha establecido la diferencia sin fundamentar la distinción.

Indudablemente, los Estados, a través de la práctica interna y exterior o de tratados internacionales podrían asignar personalidad jurídica o *sui generis* a la IA (no es la IA la que se la puede atribuir). Valentina Petrovna Talimonchik[23] considera que los Estados pueden otorgar derechos a la inteligencia artificial, lo que de hecho ya sucede en algunos países[24], entendiendo a la IA en sentido amplio como una información y sistema de comunicación que puede sintetizar actividades creativas en el ámbito científico, jurídico, literario, artístico, industrial, etc.

Entre las consecuencias de la atribución de subjetividad se hallan: la capacidad de obrar, la protección por parte del ordenamiento jurídico, y la obligación de responder por las violaciones. Ello es válido tanto para los sujetos nacionales como para los internacionales, para los territoriales y funcionales, permanentes o transitorios, con capacidad plena o limitada.

Así, la atribución de personalidad y de derechos a la IA lleva necesariamente a la cuestión de la responsabilidad.

II. RESPONSABILIDAD DE LA IA

A pesar de los avances de la IA no existen normas adecuadas a las relaciones responsables entre hombre-máquina empoderada en la materia[25]. No obstante, lo señalado en el título anterior *in fine* con relación a la ciudadanía, al derecho de residencia, a las capacidades como persona jurídica, etc., se suele señalar que la personalidad jurídica de la IA sólo podrá estar vinculada a obligaciones y responsabilidades y no a derechos. Sin embargo, ello tiene fisuras en tanto ya se ha considerado en el plano de organismos internacionales el deber de consultar en ciertas materias a la IA, lo que de alguna manera implicaría el «derecho» de la IA de pronunciarse, independientemente de que se dé a ese *dictum* un rol meramente consultivo.

23. *Vid.* TALIMONCHIK. Valentina Petrovna. «The Prospects for the Recognition of the International Legal Personality of Artificial Intelligence», *Laws*, 2021, 10 (4), p. 85 y ss. (https://doi.org/10.3390/laws10040085).
24. Por ejemplo, Arabia Saudita fue el primer país en otorgar «ciudadanía» al robot *humanoide* Sophia (2017); un sistema en línea con las capacidades de un niño de 7 años obtuvo «residencia» en Tokio (2017), etc. *Vid.* CHESTERMAN, Simon, *op. cit.*
25. Si bien la doctrina no es uniforme, predomina la posición que sostiene que la responsabilidad de las consecuencias de un daño con IA es de los operadores, independientemente de que en el plano privado ellos puedan accionar contra los diseñadores, programadores, fabricantes u otros. *V. infra.*

La responsabilidad civil generalmente conduce a una indemnización por daños, pero el sujeto infractor (¿IA?) debe tener bienes con los que responder. Se ha señalado que esos pagos se podrían hacer desde un fondo central, aunque eso sería similar a los seguros obligatorios con lo que la presunta «personalidad» sería una mera formalidad[26].

Cuando hablamos de responsabilidad (nacional e internacional) en español, en estos últimos tiempos, no sólo hacemos referencia a la clásica norma secundaria (perinorma) que surge de la violación de una obligación jurídica establecida (responsabilidad en sentido estricto, «responsibility»[27]), sino también la que surge del daño emergente de acti-

---

26. *Vid.* CHESTERMAN, Simon, *op. cit.*
27. Un estudio de las implicaciones de las tecnologías digitales avanzadas (incluidos los sistemas de IA) para el concepto de responsabilidad por actos ilícitos, tiene ya gran presencia y cuestionamiento dentro del marco de *DERECHOS HUMANOS*. Un estudio preparado por el *Comité de Expertos sobre las dimensiones de derechos humanos del procesamiento automatizado de datos y diferentes formas de inteligencia artificial (MSI-AUT)*, actuando como Relatora Karen Yeung, considera una serie de posibles violaciones al derecho de los derechos humanos. Así, por ejemplo, el uso de sistemas algorítmicos de toma de decisiones («ADM») que se basan en técnicas de elaboración de perfiles basadas en datos pueden amenazar varios derechos humanos, entre ellos: * el derecho a un juicio justo y al debido proceso, particularmente cuando los sistemas ADM se utilizan para automatizar decisiones; * el derecho a la libertad de expresión e información, dada la poderosa influencia que las plataformas digitales globales ejercen sobre la información en torno de individuos y sociedades, en los que los algoritmos automatizados suelen decidir cómo manejar, priorizar, distribuir y eliminar contenido de terceros en línea, incluso durante las campañas políticas y electorales; * derechos a la privacidad y protección de datos, debido a la dependencia de tecnologías «data-driven» de creación de perfiles sobre la recopilación y el procesamiento de datos digitales extraídos al rastrear el comportamiento en línea de los individuos; * derechos a la protección contra la discriminación en el ejercicio de los derechos y libertades, debido a los riesgos significativos de sesgo y discriminación que surgen del modelo sobre el que se construyen los sistemas y por tratar a las personas como objetos; etc. Ello sin tener en cuenta ataques maliciosos, reutilización de datos, privatización encubierta de decisiones sobre valores públicos, etc. (YEUNG, Karen en https://rm.coe.int/responsability-and-ai-en/168097d9c5). Hussain Zoraiz hace presente que una de las más expandidas violaciones de derechos humanos vía IA es la que vulnera el «consentimiento individual» a través del uso de un algoritmo de inteligencia artificial que puede concebir o almacenar sus datos privados y luego venderlos a diferentes empresas con distintos fines, algunos de ellos delictivos en sí *Vid.* (HUSSAIN, Zoraiz. *Artificial Intelligence and Gaps in International Law*, Department of Mechanical Engineering, Ghulam Ishaq Khan Institute of Engineering and Technology, December, 2020). También son observables las preocupaciones por las consecuencias perjudiciales del uso de IA en materia del *DERECHO DE LOS CONFLICTOS ARMADOS* Y EL *DERECHO INTERNACIONAL HUMANITARIO (DIH)*. Aparecen en este momento como prioridades (tanto por hecho ilícito como por acto no prohibido). Por ejemplo, el uso de

vidades no prohibidas o lícitas («liability»)[28]. Abarca asimismo la obligación que tienen los actores privados o estatales de dar cuenta de sus actos y de

---

sistemas de armas autónomos, después de la activación inicial o el lanzamiento por parte de una persona, un sistema de armas autónomo se autoinicia o desencadena un ataque en respuesta a la información del entorno recibida a través de sensores y sobre la base de un «perfil de objetivo» generalizado. Esto significa que el usuario no elige, ni siquiera conoce, los objetivos específicos y el momento y/o la ubicación precisos de las aplicaciones de fuerza resultantes. Esa pérdida de control hace que no se distinga entre **civiles y combatientes en violación al DIH, estando en principio su uso prohibido hasta tanto se puedan manejar los límites en los tipos de objetivo, en la duración del ataque, en su alcance geográfico y en su escala de uso, distinguiendo objetivos militares de civiles con precisión. En el ámbito del DIH, el Fiscal General de la Corte Penal Internacional anunció el 24 de mayo de 2023 el lanzamiento de una plataforma de presentación de pruebas utilizando IA y ML** (https://www.icc-cpi.int/news/icc-prosecutor-karim-aa-khan-kc-announces-launch-advanced-evidence-submission-platform-otplink). De hecho, numerosos sistemas judiciales recurren a la IA por sus ventajas en el procesamiento y acumulación de datos (https://www.unesco.org/es/artificial-intelligence/rule-law/mooc-judges). **Dado que no sólo los Estados hacen uso de la IA sino también los *delincuentes* cayendo en la órbita del *DERECHO PENAL* nacional, el penal propio del Derecho Internacional Privado y Penal Internacional), se considera necesario adoptar normas internacionales que impidan que la IA favorezca la delincuencia nacional y transnacional organizadas.** En el plano del control del *terrorismo*, La Organización Mundial para las Migraciones reemplazó los lectores de huellas digitales de un dígito por lectores de 10 dígitos en ocho cruces fronterizos somalíes, modalidad a ampliar a otros ámbitos territoriales. *Vid.* LINDSKOV JACOBSEN, Katja. «Biometric data flows and unintended consequences of counterterrorism», *International Review of the Red Cross* (2021), 103, p. 916 y ss.

28. La posibilidad de accidente, la no voluntariedad, el interés de la sociedad en que una actividad riesgosa sea desarrollada, lleva a que la reparación de un daño por actividades no prohibidas por el Derecho internacional se halle atenuada y se traduzca en mera compensación sin connotaciones sancionatorias, si bien la falta de diligencia debida, la negligencia o la culpa en la causación del daño transforma la acción lícita en ilícita. Las actividades riesgosas pero socialmente útiles —como la IA— conllevan grandes dilemas, como por ejemplo: ¿Puede ser lícito dar inicio a una actividad que puede causar daño a las personas y a los bienes individuales o colectivos? El problema va del interés privado al público, de las cuestiones de concernencia individual a las de interés común. En los hechos, los sistemas jurídicos domésticos aceptan la realización de actividades riesgosas bajo ciertas condiciones, pero el responsable de la actividad debe compensar los daños sufridos por las víctimas. Esta forma de responsabilidad es frecuentemente designada «responsabilidad por riesgo», «responsabilidad sin delito», «responsabilidad civil». Producido el daño, surge la obligación de compensar. En líneas generales, esta responsabilidad civil no es responsabilidad propiamente dicha (norma secundaria, independientemente de que el incumplimiento de las obligaciones frente a la actividad y sus riesgos podrían generarla). Tal como ya lo señaláramos, tampoco esa compensación por daño en caso de que sea transfronterizo es internacional propiamente dicha, ya que se impone a los particulares causantes del daño. Sin embargo, el Estado asume una serie de relevantes obligaciones de prevención y precaución, a más de asegurar una pronta y adecuada compensación a

su obrar ajustado a derecho («accountability»[29]), como también la obligación general que tienen todos los sujetos de derecho, individual y colectivamente —según su rango y situación—, de no causar daño a otros (*alterum non laedere).* Cabe citar además la responsabilidad social corporativa —también llamada responsabilidad social empresarial— que, más allá del cum-

las víctimas. Los principales rasgos-obligaciones (generalmente establecidos en convenios, aunque muchas obligaciones han alcanzado valor de normas consuetudinarias vinculantes) son: *-Identificación de la persona responsable; *-Canalización de la responsabilidad (por ej. operador de la actividad); *-Flexibilidad de las relaciones causales dada la complejidad, incertidumbre -problemas de inter-temporalidad, multi-causalidad, incertidumbre científica, etc.; *-Obligaciones multiactorales: los convenios multilaterales sobre navegación, petróleo, materiales nucleares, IA, residuos peligrosos u otros de riesgo equivalente, suelen imponer obligaciones al operador, a otras partes y al Estado; *-Límites a la «liability»: se busca equilibrar los intereses de la industria con su desarrollo en bien de la sociedad y los de las víctimas. Es decir, que la plena compensación puede no existir (en ciertos casos, eventualmente, el Estado asume la responsabilidad residual); *-Fondos de compensación (escalas de «liability» conforme al riesgo). Por ejemplo, el régimen de la Convención sobre el fondo de contaminación petrolera establece un fondo financiero sostenido por quienes reciben las cargas. El fondo actúa como segunda escala en caso de daño (después del operador). Este fondo suele usarse como ejemplo de responsabilidad colectiva; *-Responsabilidad residual del Estado, por ej., cuando no se identifica al operador o hay efectos acumulativos. Este tipo de responsabilidad residual es ampliamente resistido por los Estados, sin embargo, las actividades riesgosas no son ilícitas, pero sólo pueden ser permitidas por el Estado bajo ciertas condiciones. Si el sujeto público jurisdiccional (*v.g.* Estado) no adopta las medidas preventivas y precautorias para evitar un daño, surge la responsabilidad del Estado por ilícito; *-Obligación de contratar seguros acordes a la actividad; *-Obligación de prever el acceso rápido y efectivo a la justicia para los damnificados (nacionales y extranjeros), etc. Todos ellos hacen a la diligencia debida *ex ante* y *ex post* requeridos para que el hecho dañoso no se produzca, se minimice o tenga pronta y adecuada respuesta.

29. La rendición de cuentas es una de las piedras angulares de la gobernanza de la IA. Esto se debe, entre otras razones, a la delegación de tareas (por ejemplo, predicción o toma de decisiones) a los sistemas de IA. La rendición de cuentas en IA a menudo se define de manera demasiado imprecisa, si bien de modo simplificado se puede conceptualizar como obligación de informar y justificar la conducta de uno (A) ante una autoridad (B). Tanto A como B pueden ser pueden ser personas físicas individuales como colectivas. Proporcionar una «arquitectura» de rendición de cuentas en IA requiere adoptar un enfoque socio-técnico. Esto es problemático, especialmente cuando aún no se ha formado un acuerdo político y legislativo, incluida la responsabilidad de muchos servicios de IA. A pesar de la importancia de la rendición de cuentas, la naturaleza multifacética de la rendición de cuentas (relación dependiente del contexto, la ambigüedad inherente de los procesos políticos, la estructura socio-técnica de las IA con la impredecibilidad de los resultados decisionales de la IA) hace difícil esa rendición. *Vid.* NOVELLI, C. - TADDEO, M. - FLORIDI, L. «Rendición de cuentas en inteligencia artificial: qué es y cómo funciona», *IA y sociedad* (2023).

plimiento pleno de las normas, implica el deber de contribución activa al mejoramiento de la vida social[30].

Aziz Z. Huq[31] **considera que, d**ado que la IA están diseñada, fabricada, programada y empleada por humanos, las consecuencias del uso de IA y responsabilidades legales derivadas deben atribuirse a ellos, no admitiéndose la invocación de «error» de los sistemas de IA como justificación para eludir responsabilidades, en tanto los riesgos de error de las maquinarias y sistemas puestos en acción son eventualidades que deben ser límite de acción al momento de la decisión de usarlas.

Los primeros ejemplos de casos judiciales sobre IA están comenzando a aparecer, por ejemplo, una demanda colectiva iniciada a principios de 2017 contra Tesla por el sistema de piloto automático de un vehículo automatizado, alegando que contiene características de seguridad que no funcionan.

En otro nivel de tratamiento, en el Reino Unido se ha dispuesto introducir reglas según las cuales la aseguradora asumirá la responsabilidad primaria en caso de accidentes causados por vehículos autónomos.

En ausencia de legislación relacionada con la IA, por ahora, la reparación de las víctimas de daños sufridos como resultado de una falla de AI, se busca bajo el agravio de negligencia[32].

Se han ido presentando propuestas para dar solución al complejo tema de la responsabilidad por daños de la IA. Así, la «Directiva de responsabilidad de inteligencia artificial» (Propuesta de la Comisión Europea al Parlamento y al Consejo) difundida en septiembre de 2022, se centra en la

30. El desarrollo de sistemas basados en inteligencia artificial y en el llamado *deep learning* (aprendizaje profundo) crea «cajas negras», por su opacidad, por la posible introducción de sesgos y la intervención previa de «muchas manos» lo que hace difícil este tipo de responsabilidad centrada en la transparencia. Los ordenadores que ejecutan esos servicios de IA **han sido programados y han aprendido de forma que no es entendible para el ser humano.** Incluso los ingenieros que construyen estas aplicaciones no pueden explicar completamente su comportamiento. *Vid.* VILARIÑO, Albert. «Inteligencia artificial y responsabilidad social corporativa», *Compromiso empresaria, «L» («EMPRESARIAL»)* 28 (2017). https://es.scribd.com/document/355338840/Compromiso-Empresarial-38-Inteligencia-Artificial-y-Responsabilidad-Social-Corporativa
31. *Vid.* HUQ, Aziz Z. «Artificial Intelligence and the Rule of Law», *Public Law and Legal Theory Working Papers Series,* University of Chicago Law School, No. 764 (2021) https://chicagounbound.uchicago.edu/public_law_and_legal_theory/
32. *Vid.* GLUYAS, Lee – DAY, Stefanie. «Artificial intelligence - Who is liable when AI fails to perform?», *CMS* (https://cms.law/en/gbr/publication/artificial-intelligence-who-is-liable-when-ai-fails-to-perform).

adaptación de las normas de responsabilidad civil extracontractual a la inteligencia artificial. La Comisión propone complementar y modernizar el marco de responsabilidad de la UE para introducir nuevas reglas específicas para los daños causados por los sistemas de IA. Esas nuevas normas pretenden garantizar que las personas perjudicadas por los sistemas de IA disfruten del mismo nivel de protección que las personas perjudicadas por otras tecnologías en la UE. La directiva de responsabilidad de la IA crearía una «presunción de causalidad» refutable, para aliviar la carga de la prueba para que las víctimas establezcan el daño causado por un sistema de IA. Además, otorgaría a los tribunales nacionales la facultad de ordenar la divulgación de pruebas sobre sistemas de IA de alto riesgo sospechosos de haber causado daños. Las partes interesadas y los académicos cuestionan, entre otras cosas, la idoneidad y eficacia del régimen de responsabilidad propuesto, su coherencia con la ley de inteligencia artificial que se está negociando actualmente, su posible impacto negativo en la innovación y la interacción entre la UE y las normas nacionales[33].

Por su parte, András Hárs[34] se pregunta qué valores humanos deberían incluirse en los algoritmos como parte de la secuencia de instrucciones. Además, Hárs —quien evoca a Erdélyi, Goldsmith y Nash— argumenta que la mejor solución sería establecer una nueva organización internacional. Las ventajas de tal iniciativa —considera— serían numerosas, contándose entre ellas el logro de un compromiso vinculante de los Estados para unificar el marco normativo, los mecanismos colectivos de control y aplicación, el intercambio transparente de información y posiblemente la tecnología. Tal organización tendría el beneficio de combinar el conocimiento de expertos y ser capaz de preparar nuevos instrumentos jurídicos para regular la cambiante y permanentemente evolutiva IA. La propuesta es interesante, pero la voluntad política para esto por parte de los Estados parece hallarse lejos.

REFLEXIÓN FINAL

El día que el ser humano haya perdido habilidad para pensar de modo complejo, haya perdido capacidades de aprendizaje y riqueza de habla (algo ya observable en muchas partes del planeta); el día en que los pro-

33. Proposal for a directive of the European Parliament and of the Council on adapting noncontractual civil liability rules to artificial intelligence (AI liability directive) en: https://www.europarl.europa.eu/RegData/etudes/BRIE/2023/739342/EPRS_BRI(2023)739342_EN.pdf
34. *Vid.* HÁRS, András. «AI and international law – Legal personality and avenues for regulation», *Hungarian Journal of Legal Studies* 62 (2021) 4, p. 320 y ss. DOI: 10.1556/2052.2022.00352.

veedores de conocimientos de calidad producidos por humanos no nutran la IA —desalentados para realizar esfuerzos frente a una brillante IA que los admira y asusta y descansen en la máquina humanizada— la máquina inteligente (ya antropófaga) a falta de ingresos frescos de trabajos originales de excelencia, se verá impedida de cumplir su rol. El ser humano mientras tanto habrá tomado el camino inverso de la evolución humana retornando al rol de los primates y —probablemente— subiendo nuevamente a los árboles auxiliado por el veganismo. Será la hora en que hablar de subjetividad y responsabilidad de la IA se habrá vuelto totalmente obsoleto.

Capítulo 4

Inteligencia Artificial, Derecho Penal, Derecho Procesal Penal y la derivación de los límites impuestos por la libertad de expresión[1]

Artificial Intelligence, criminal law, criminal procedural law and the limits imposed by freedom of expression

JAVIER AUGUSTO DE LUCA
Universidad de Buenos Aires

Primera Ley

Un robot no hará daño a un ser humano ni, por inacción, permitirá que un ser humano sufra daño.

Segunda Ley

Un robot debe cumplir las órdenes dadas por los seres humanos, a excepción de aquellas que entren en conflicto con la primera ley.

Tercera Ley

1. Con ajustes para su publicación, el texto corresponde a mi ponencia en el II Congreso Internacional. Red Internacional sobre Libertad de Expresión. Algoritmos, Inteligencia Artificial y Estado de Derecho, ¿es justo vigilar a la mass media y a la social media? Dada en la Universidad Nacional de Educación a Distancia. Facultad de Derecho. Departamento de Servicios Sociales y Fundamentos Histórico-Jurídicos. Madrid. 7 y 10 de octubre de 2022.

Un robot debe proteger su propia existencia en la medida en que esta protección no entre en conflicto con la primera o con la segunda ley.

«Yo robot» de Isaac Asimov

Resumen

La llegada de la inteligencia artificial (IA) ha desencadenado una serie de desafíos para el derecho, pero específicamente para la libertad de expresión y el derecho penal. Una de las cuestiones más controversiales es la capacidad que tienen los algoritmos de aprender y, en consecuencia, de independizarse de su creador. Además, muchos de estos sistemas carecen de transparencia (caja negra de la IA), por lo que resulta imposible determinar cómo y porque han llegado a determinada conclusión. En consecuencia, se hace imposible determinar la responsabilidad de los humanos detrás de estas máquinas.

Palabras clave

Inteligencia artificial – nuevos desafíos – libertad de expresión – derecho penal y procesal penal – responsabilidad de los diseñadores de algoritmos

Abstract

The advent of artificial intelligence (AI) has triggered a number of challenges for the law, but specifically for freedom of expression and criminal law. One of the most controversial issues is the ability of algorithms to learn and, consequently, to become independent from their creator. In addition, many of these systems lack transparency (known as the black box of AI), making it impossible to determine how and why they have reached a certain conclusion. Consequently, it is impossible to determine the responsibility of the humans behind these machines.

Keywords

Artificial intelligence – new challenges – freedom of speech – criminal law and criminal procedural law – criminal liability of algorithm designers

INTRODUCCIÓN

La IA puede definirse como un conjunto de teorías y técnicas utilizadas para crear máquinas capaces de simular la inteligencia humana. El aprendizaje automático puede hacer que la tecnología sea extremadamente potente, pero su proceso de toma de decisiones puede ser complejo y, así, ser similar a una «caja negra», donde no se puede conocer como ocurren las cosas ahí adentro. A medida que aumenta el número de capas neuronales que permiten el aprendizaje autónomo, aumenta la complejidad tecnológica del sistema, lo que lo hace más eficiente, pero torna a sus cálculos menos explicables y rastreables (aprendizaje profundo)[2].

En la actualidad, con la llegada de la inteligencia artificial (I.A.) y las nuevas tecnologías de la comunicación y la información (T.I.C.s) la libertad de expresión, como garantía o derecho madre, que sobrevuela a todos los demás, enfrenta nuevos y complejos problemas, algunos de los cuales serán comentados a lo largo de este trabajo. No obstante, como veremos, el surgimiento de estas nuevas tecnologías no solo ha revolucionado la forma en la que nos comunicamos y llevamos adelante el debate público, sino que la I.A también ha tenido una influencia más que relevante en el derecho penal y procesal penal. Veamos.

I. NUEVOS DESAFÍOS

Un primer problema es el arribo de los algoritmos, que definen la I.A., y la diferencian de los ya tradicionales sistemas o mecanismos electrónicos automatizados. Los algoritmos son producto de los seres humanos, pero en el caso de la I.A. nos enseñan los expertos que no sólo ordenan tareas cuasi mecánicas, automatizadas, del modo en que fueron programados, sino que existe un punto donde son capaces de aprender y realizar nuevas destrezas, cortan el cordón umbilical de sus creadores y pasan a ser difícilmente previsibles y controlables. Por esta última situación se habla de «inteligencia» o de *machine learning* o de procesos de aprendizaje, por el cual esas máquinas se terminan autonomizando de sus creadores.

En ese punto se plantean una serie de desafíos. Cuando desde estas máquinas se producen consecuencias que dañan los derechos de terceros, se abren una serie de interrogantes desde el derecho, especialmente en el plano de la responsabilidad, tanto de la civil como de la penal o de otras ramas del ordenamiento jurídico.

Hoy ya existen millones de robots cibernéticos que en segundos emiten falsas noticias o que dañan a las personas en cualquier aspecto, de manera de influir sobre quienes leen o escuchan esos mensajes, como ha ocurrido en conocidos casos de elecciones políticas para cargos públicos que definen el sentido de la marcha de un país. Evidentemente esta situación afecta a la

2. Resoluciones del coloquio preparatorio de la Asociación Internacional de Derecho Penal, celebrado en Buenos Aires, 28-31 de marzo de 2023. Sección 3 – «La IA y la administración de justicia penal: "Policía predictiva", "justicia predictiva" y derecho probatorio». Relatora Juliete Lelieur.

democracia de manera concreta. Este estado de cosas se une a la práctica de los monopolios y oligopolios de los *mass media* y de las empresas de tecnologías de información y comunicación. La idea básica de la libertad de expresión y de las democracias que son el pluralismo informativo y cultural, quedan hechas cenizas.

El hecho de que muchos de estos mensajes son emitidos por algoritmos, dicho esto de una manera no técnica, nos obliga a cambiar la forma de pensar el problema de la relación entre emisores y receptores de los mensajes, ya que la influencia de los primeros en la toma de decisiones de los usuarios o destinatarios funciona de una manera distinta a la tradicional.

Los casos de incitación a la violencia colectiva, la difusión de falsedades y de noticias que pueden incidir en procesos judiciales como nueva arma política, la exaltación de discursos estigmatizadores y de odio contra determinados políticos, funcionarios o particulares, campañas para hacer subir o bajar los índices económicos, etc. Aparecieron las granjas de *trolls* concepto que describe a personas que publican mensajes provocadores y relevantes, o quizás a veces fuera de tema, en una comunidad que está en línea, como pueden ser los foros de discusiones o salas de chat. Esos comentarios de los *blogs* solo tienen como principal intención la de molestar o provocar una supuesta respuesta emocional al asunto que están discutiendo los demás, que se creen que están interactuando con un ser humano real.

El fin de estas incursiones puede ser solamente la diversión de quien las crea o la de generar un clima de malestar y agresividad generalizado en la sociedad que, como se sabe, genera pingües beneficios a grupos determinados. Los que vienen estudiando estos temas aconsejan no dejar jamás un mensaje o comentario en estos grupos, ni hacer ningún tipo de aporte a determinadas noticias por la Internet porque es muy probable que estén hablando con un sistema, no con un ser humano, diseñado con otros propósitos. Quienes los crean y utilizan no están interesados en debatir asuntos de interés general, ni lo que los miembros seres reales de un chat piensan en sí mismo, sino que se trata de un negocio consistente en provocar para generar reacciones y saber cuáles son las preferencias de los consumidores de cualquier producto. Les importa a los fines comerciales o políticos, es decir, que se desnuden y muestren sus pensamientos y emociones, pero no como contribución a discusión política o cultural, sino porque se trata de una mercancía.

En consecuencia, debemos preguntarnos seriamente si hoy siguen siendo satisfactorios los estándares jurídicos sobre responsabilidad no sólo penal, sino también de la civil, de los creadores y beneficiarios de algunos de estos sistemas. Por ejemplo, el de la responsabilidad civil —no penal— de los titulares de los motores de búsqueda de Internet.

Se sostiene que cuando los buscadores son meros intermediarios y no son productores de contenidos, no son responsables. Lo son cuando, debidamente notificados de que existe ilicitud en lo que están retransmitiendo, no actúan con diligencia para bloquear el acceso a esos contenidos. Obviamente, para que pudiera haber responsabilidad penal, en un caso semejante debería crearse un nuevo tipo penal de omisión o culposo para respetar el principio de culpabilidad. También serían responsables civilmente en los casos en que los contenidos son palmariamente delictivos, como ocurre en la pornografía infantil o la instigación a la guerra o crímenes internacionales o ese tipo de expresiones, prohibidos por todos los convenios internacionales, constituciones y leyes. El estándar fue establecido para la responsabilidad no penal, para remarcar que aun en este terreno la responsabilidad debe ser subjetiva y ya no alcanzará con la meramente objetiva por la producción causal de daños. En penal, ya sabemos que la responsabilidad es subjetiva.

Pero, aun así, debe recordarse que en materia de libertad de expresión está vigente la prohibición de la censura previa que en la región hispanoamericana es prácticamente absoluta, a diferencia de Europa, en donde existen algunos supuestos aceptados por las leyes o por la jurisprudencia de distintos países, en tanto la Convención Europea de Derechos Humanos no es tan terminante como la americana.

En Latinoamérica el artículo 13 de la Convención Americana sobre Derechos Humanos (Pacto de San José de Costa Rica), permite la censura en casos que involucran a menores o que constituyen una incitación a la guerra o al odio racial o religioso. Si las expresiones no encajan ahí, no es lícito censurar y deberá estarse a las responsabilidades ulteriores.

Ahora bien, la realidad demuestra que los buscadores de internet no se limitan a retransmitir o a colgar o ser motores de búsqueda de *links* o de noticias generadas y publicadas por otros, sino que influyen en su edición y en su presentación, colocan a determinadas páginas o sitios en lugares preferentes. Esta práctica inclusive se hace por precio, como ocurre con las mercaderías que se colocan en las esquinas de las góndolas de los supermercados, para que a la vista de los potenciales consumidores aparezca su oferta antes que otras. De ese manejo del supuesto intermediario neutral, no habla el estándar jurídico mencionado. Sin ser un mensaje propio del buscador hay incidencia en el acceso a la información de los destinatarios. Y vaya si es determinante. Además, la «carga» o instrucción al algoritmo de esa prioridad, implica una conducta humana subjetiva, es un sesgo. Probar esto, es más complicado. Por ello, desde distintos órganos internacionales se está exigiendo la reserva o inscripción o registración de las operaciones e instrucciones con las que se conformó el sistema.

La cuestión se va complicando porque los que producen mensajes pueden ser los algoritmos, no seres humanos. Ya no se trata de los buscadores que nos remiten a productos humanos. Mientras se desarrollaba el congreso para el que preparé este texto en el último cuatrimestre de 2022, también hacía su irrupción en el mundo el ChatGPT autodefinido por sus creadores como un prototipo de *chatbot* de inteligencia artificial que se especializa en el diálogo, un modelo de lenguaje, ajustado con técnicas de aprendizaje tanto supervisadas como de refuerzo (copio la definición de Wikipedia, a la que llegué por el buscador de Google). Son sistemas a los que uno les da determinadas instrucciones y pautas y ellos solos, en segundos, escriben un texto. La pregunta es, ¿quién es el autor o autora?

Es importante resolver ese interrogante, porque si el derecho a la libertad de expresión es para los humanos, para su autorrealización personal, el autogobierno, la interacción pacífica y el desarrollo cultural en la sociedad donde viven, no tendría sentido hablar de libertad de expresión de un algoritmo que, en el fondo, es un conjunto de operaciones matemáticas. Menos aún si es otro algoritmo el que lo censura. Si el sistema se desprende de su creador, y no puede ser direccionado por sus beneficiarios, ya que actúa por su cuenta, su creador o el beneficiario de su uso no podrían reclamar un derecho basado en la libertad de expresión.

En la práctica, el asunto no es tan sencillo, porque se dificulta la prueba de la relación de causalidad. El algoritmo, debido a que «aprende» del entorno sin ayuda, se autonomiza de su creador. En segundos los datos que va acumulando, son relacionados y el aparato empieza a producir su propia obra. No hay forma de conectar lo diseñado con su producto.

Por tal razón, como adelanté, para llegar a una responsabilidad humana que es subjetiva, se está exigiendo a los programadores, dueños y usuarios de estos sistemas, que sus diseños y funcionamiento estén a la vista (caja blanca, en lugar de caja negra), para poder descubrir la trazabilidad desde el producto de un algoritmo hacia su creador y, así, deslindar las responsabilidades. El tema del momento es la falta de transparencia de muchos de ellos, que impide probar si lo que se creó o quiso que ocurriera el creador, se corresponde o no con el producto o resultado. Y lo mismo aplica para todos los dispositivos, aparatos o máquinas que mediante la I.A. sirven a la Justicia para la prueba de determinados acontecimientos. Reconocimientos faciales, análisis de laboratorios, conclusiones sobre imágenes, etc. etc. ¿Cómo se defiende un acusado de la prueba obtenida por un dispositivo guiado por I.A. si no es posible conocer cómo trabaja?

Ahí aparecen en escena los discursos de odio. Ya sabemos que se trata de expresiones lanzadas por gente que está subida a una montaña de odio, que se lo pasa buscando y creando enemigos en quienes descargarse y culpar de todo, y que generalmente son fácilmente influenciables y manipulables por quienes sacan rédito de sus expresiones. La vieja y conocida práctica de clasificar a los demás y estigmatizarlos. Los discursos de odio no son solamente agresiones al honor, o mensajes agresivos e hirientes. No se trata solo de un asunto ético. Lo que los distingue es que producen la eliminación o tienden a eliminar del discurso público a los destinatarios. No se trata solamente de decir «te odio». El nudo de la cuestión radica en que la expresión es tan fuerte en el contexto en que se utiliza, que es apta para sacar del juego al o los destinatarios, para eliminarlos del debate público. Son profundamente antidemocráticos, porque ya no se trata de una discusión acalorada entre dos partes estén en pie de igualdad, sino que tienden a la eliminación del adversario del tablero de juego. Dicha razón es la que justifica su desamparo por la libertad de expresión y permite su prohibición y castigo.

Si se vinculan todos estos asuntos a la cuestión de los monopolios, es evidente que mediante el uso de la inteligencia artificial se multiplica la facilidad para eludir las prohibiciones y conformar e imponer determinados discursos, por más que los estados cuenten con legislación antimonopólica y organismos oficiales de control.

Debe advertirse, como ha dicho Zaffaroni, que sería una especie de suicidio cultural dejar librada la emisión de todos los mensajes al criterio de unas pocas grandes corporaciones que manejan a su antojo las tecnologías de la información y de la comunicación, porque siempre priorizaran el discurso único hegemónico y globalizado por sobre las demás expresiones de la cultura de las distintas sociedades. Dejar el desarrollo de nuestra cultura en muy pocas manos privadas, que diseñan qué es lo que se transmite y qué no, es prácticamente demencial.

La posibilidad de emitir mediante estos algoritmos una infinita cantidad de mensajes muy sensibles y formadores de cultura, del día a la noche pueden transformar a cualquier persona en un héroe o en la peor basura.

Téngase en cuenta con Byung Chul-Han que el poder real no necesita asumir hoy la forma de la coacción. Actúa en sigilo. Su mayor nivel se expresa cuando el súbdito quiere por sí mismo lo que quiere el soberano.

Obedece a la voluntad del soberano como si fuera propia e incluso la anticipa. Y que como dice Merlín estamos en tiempo de colonización de la subjetividad por parte de grandes poderes que se expresan a través de las tecnologías de la información y de la comunicación.

Por último, el surgimiento de estas nuevas tecnologías también nos hace pensar en la necesidad de que existan licencias o autorizaciones para el uso de máquinas que funcionen con algoritmos. Esta reflexión genera una cantidad de problemas. En este sentido, todo lo que huela a reglamentación o a licencia o algo por estilo plantea el problema de ¿quién es el autorizado a ponerla? Porque ¿qué autoridad puede decirle al otro que no puede diseñar en su computadora algoritmos que en definitiva son cálculos matemáticos? ¿Podrían estas autorizaciones o licencias censurar de algún modo a sus diseñadores? Aquí el choque con la libertad de expresión artística o científica es evidente.

II. CUESTIONES DE DERECHO PENAL Y PROCESAL PENAL

En relación al derecho penal y procesal penal la I.A. ha tenido impacto en numerosos asuntos, entre ellos podemos mencionar: el reconocimiento facial, entrecruzamiento de datos para la búsqueda de prófugos, la justicia y la policía predictiva (ej. búsqueda de antecedentes de una persona, predicción o pronosticar fugas a los fines de una excarcelación o de libertad condicional), los jueces robots, la prueba de relación de causalidad en la prueba informática, la preservación e intangibilidad de la prueba informática, y su reproducción en los juicios para asegurar el derecho de defensa, las expediciones de pesca en las búsquedas automatizadas de información que violan el derecho a no ser perseguido sin sospecha previa de la comisión de un delito, el uso de las pruebas así obtenidas mediante la violación del secreto de las comunicaciones y los papeles privados, el uso de drones, como la invasión de la intimidad, armas sin tripulación gobernadas por algoritmos que deshumanizan las guerras (efecto PlayStation), los errores en la individualización de blancos, de enemigos y de posesión de armas, la consagración como delitos de determinadas conductas que no lo son en todos los países y la posibilidad de una persecución penal internacional que viola la soberanía de los últimos, etcétera.

Los sistemas de IA aparecen como atractivos para el derecho penal por su supuesta objetividad, que contrasta con la subjetividad de la evaluación humana. Algunos sostienen inclusive que las tecnologías relacionadas con la IA son un remedio para la «arbitrariedad» de la justicia penal. Sin embargo, los sistemas de IA no son completamente fiables ni tampoco neutros. Los errores pueden deberse a la mala calidad de los datos utilizados o a la forma en que está programado el algoritmo, o a la existencia de falsos positivos/negativos en las correlaciones. Dependen de cómo hayan aprendido los sistemas ya que se ven influidos por las debilidades humanas, como son los algoritmos xenófobos, racistas, misóginos, etc.[3].

Por este motivo, es aconsejable que los Estados que deseen utilizar sistemas de IA deben elegir sistemas cuyo funcionamiento sea totalmente transparente, explicable y rastreable (IA de «caja blanca») y deben preferir sistemas disponibles públicamente y de código abierto. Estos deben estar sujetos a comprobaciones y evaluaciones adecuadas, tanto externas como independientes del desarrollador y proveedor del sistema de IA, para evitar el riesgo de sesgos o formas de discriminación en el aprendizaje automático, errores de codificación y otros fallos tecnológicos. Se debe exigir una evaluación humana antes de emprender cualquier acción para prevenir, detectar o investigar delitos basada en las probabilidades calculadas por un sistema de IA[4].

CONCLUSIONES

Existe consenso en que los algoritmos no son como los seres humanos. Especialmente por la falta de poder de auto determinación y de decisión, de la auto conciencia para evaluar determinadas situaciones dilemáticas y, por consiguiente, la inutilidad de todo castigo o de toda sanción a una máquina, porque al no tener conciencia propia (a lo sumo el programador le podrá instalar una conforme su propia cosmovisión), no tiene forma de hacerse responsable. De modo tal que estamos en ese problema de la búsqueda de los responsables humanos detrás de estas máquinas, con todos los problemas de causalidad que esto trae, porque todavía no hemos podido salir de esa situación de caja negra como para poder establecer algún tipo de trazabilidad de relación entre quién hizo algo y por qué lo hizo o para qué lo creó y el resultado, que muchas veces se le escapa de las manos o por lo menos eso nos quieren hacer creer.

La única forma de llegar a los seres humanos detrás de las máquinas será creando nuevos tipos penales que contemplen situaciones de acción, omisión, dolo y culpa (negligencia e imprudencia) y distintas formas de intervención en los hechos.

3. Resoluciones del coloquio preparatorio de la Asociación Internacional de Derecho Penal, celebrado en Buenos Aires, 28-31 de marzo de 2023. Sección 3 – «La IA y la administración de justicia penal: "Policía predictiva", "justicia predictiva" y derecho probatorio». Relatora Juliete Lelieur.
4. Ibídem.

BIBLIOGRAFÍA

BUTHA, N. *Autonomous Weapons Systems. Law, Ethics, Policy.* AA.VV., Cambridge University Press, Cambridge, 2016.

CATERINI, M., *El Juez Robot. Retos de la Justicia Penal Frente a la Inteligencia Artificial* (corresponde a la conferencia dada en la Facultad de Derecho de la Univ. Buenos Aires, en septiembre de 2022. Presentación de Malena Errico y de Alejandro W. Slokar). Ediar, Buenos Aires, 2023.

HAN, BYUNG-CHUL, *Sobre el Poder*. Edit. Herder, Buenos Aires, 2017.

MERLIN, N. *Colonización de la Subjetividad. Los medios masivos en la época del biomercado.* Edit. Letra Viva, Buenos Aires, 2017.

RIQUERT, M. Alfredo., *Inteligencia Artificial y Derecho Penal.* Prólogo de E. Raúl Zaffaroni, Edit. Ediar, Buenos Aires, 2021.

SADIN, E., *La Inteligencia Artificial o el Desafío del Siglo. Anatomía de un Antihumanismo Radical,* Edit. Caja Negra, Buenos Aires, 2020.

SUEIRO, C. Christian., *Vigilancia Electrónica Asistida por Inteligencia Artificial (IA),* Edit. Hammurabi, Buenos Aires, 2020.

BO, M., [13/7/2023]

https://robots.law.miami.edu/2019/wp-content/uploads/2019/03/Bo_Human-Weapon-Relationship.pdf

https://theglobal.blog/2019/05/28/lethal-autonomous-weapons-war-crimes-and-the-convention-on-conventional-weapons/

https://graduateinstitute.ch/communications/news/who-criminally-responsible-commission-war-crimes-when-lethal-autonomous-weapon

LIGETI, K., «Artificial Intelligence and Criminal Justice», AIDP-IAPL International Congress of Penal Law, [13/7/2023] Concept Paper_AI and Criminal Justice_Ligeti (penal.org).

MIELNIK, D., Análisis Computacional del Derecho Penal Argentino. Tesis de Maestría. Universidad Torcuato Di Tella, diciembre de 2021.

VERMUELEN G., PERSAK N., RECCHIA N., «Artificial Intelligence, Big Data and Automated Decision-Making in Criminal Justice». AA.VV. *Revista Internacional de Derecho Penal. AIDP*. Vol. 92 issue 1, Edit. Antwerpen/Apeldoorn/Portland, Países Bajos, 2021.

Recomendaciones para una Inteligencia Artificial Fiable, Jefatura de Gabinete de Ministros, Subsecretaría de Tecnologías de la Información, Disposición 2/2023. DI-2023-2-APN-SSTI#JGM, República Argentina, Boletín Oficial del 2 de junio de 2023.

Recomendación sobre la Ética de la Inteligencia Artificial. UNESCO [66562]Código del documento: SHS/BIO/REC-AIETHICS/2021. Año de publicación 2021.

Directivas Éticas para una IA confiable, Comité de expertos de la UE, Comisión Europea B-1049 Bruselas. Publicado el 10 de abril de 2019.

Capítulo 5

Inteligencia Artificial y el sistema de justicia penal

Artificial Intelligence and the criminal justice system

LUCIANA FRASCARELLI
Universidad de Buenos Aires

Resumen

La inteligencia artificial ha traído nuevas herramientas al sistema de justicia, especialmente para la prevención del delito y la administración de justicia, volviéndolo más rápido y eficiente. Sin embargo, el uso de estas tecnologías también puede vulnerar los derechos constitucionales de los ciudadanos, debido a, entre otras cuestiones, los sesgos que las caracterizan.

Palabras clave

Inteligencia artificial – prevención de delitos – administración de justicia – sesgos algorítmicos – derechos y garantías constitucionales

Abstract

Artificial intelligence has brought new tools to the justice systems, especially for crime prevention and the administration of justice, making them faster and more efficient. However, the use of these technologies can also violate the constitutional rights of citizens, due to, among other issues, the biases that characterize them.

Keywords

Artificial intelligence – crime prevention – administration of justice – algorithmic biases – constitutional rights

INTRODUCCIÓN

No hay dudas de que de la mano de la IA el mundo está experimentando avances y cambios vertiginosos que transformarán la sociedad, la economía y el mercado laboral para siempre; lo que algunos llaman la Cuarta Revolución Industrial[1].

Pero ¿qué es la inteligencia artificial? No existe una definición establecida y unánimemente aceptada. Esto es así ya que el concepto engloba muchas subáreas, tales como la informática cognitiva (algoritmos capaces de razonar del mismo modo que los hacen los humanos), el aprendizaje automático o *machine learning* (algoritmos capaces de aprender tareas sin estar específicamente programadas para ello), la inteligencia aumentada (esto es incrementar las capacidades humanas al combinarlas con la tecnología), y la robótica con inteligencia artificial (es decir, IA integrada a robots)[2].

En resumidas cuentas, podríamos decir que la IA es la capacidad de los programas y sistemas informáticos para usar algoritmos, aprender de los datos y utilizar lo aprendido en la toma de decisiones, tal y como lo haría un ser humano[3]. Esta tecnología puede combinarse con las capacidades humanas y la robótica para generar nuevas y mejores herramientas.

La administración de justicia y el derecho penal también son parte de este fenómeno y están expuestos a los desarrollos de esta revolución tecnológica. Entre ellos podemos mencionar los algoritmos de predicción que son utilizados para la prevención e investigación de delitos (inteligencia artificial policial, IAP) y la incorporación de sistemas de IA en distintas fases del proceso penal para aumentar la eficiencia de la gestión judicial, como parte de un plan de modernización de la administración pública en general (inteligencia artificial judicial, IAJ). En este último se ubican los sistemas

1. *Vid.* SCHWAB, K., «*La cuarta revolución industrial*», Ed. Debate, 2016; RAO, Anand S., «Una nueva etapa de globalización», Revista virtual «*Integración y Comercio*», N.º 44, Ed. BID-INTAL, 2018, p. 51.
2. Comité Económico y Social Europeo en el «Dictamen sobre la inteligencia artificial: las consecuencias de la inteligencia artificial para el mercado único (digital), la producción, el consumo, el empleo y la sociedad» (2017/C 288/01).
3. *Vid.* ROUHIAINEN, L., «*Inteligencia artificial. 101 cosas que debes saber sobre nuestro futuro*», Ed. Alienta, Barcelona, 2018, p. 17.

diseñados para evaluar y predecir factores de riesgo, que son utilizados, por ejemplo, al momento de dictar de medidas cautelares dentro del proceso penal (IAJVR)[4].

Si bien estas tecnologías son utilizadas con entusiasmo por muchos Estados, su implementación es cuestionada, como veremos a lo largo de este trabajo, por vulnerar derechos y garantías constitucionales. Por esta razón es que resulta conveniente establecer principios que guíen la implementación de la IA en los sistemas de justicia[5].

I. INTELIGENCIA ARTIFICIAL POLICIAL

La IA se ha convertido en una de las herramientas más utilizadas por las fuerzas policiales para la prevención de delitos futuros, la investigación de hechos pasados y la localización de sospechosos y prófugos. La capacidad de esta tecnología para almacenar masivamente datos y luego poder analizarlos rápidamente ha sido la clave para su auge.

En relación a la prevención de delitos futuros, la vigilancia predictiva permite hacer cálculos probabilísticos sobre las posibles conductas delictivas de las personas y determinar donde es más probable que sean cometidas. Para ello, se vuelcan en los sistemas los reportes criminales, las denuncias policiales, información que circula en las redes sociales, estadísticas del delito y grabaciones de cámaras de video vigilancia, todo lo cual es procesado por algoritmos de aprendizaje automatizado (*machine learning*) que brindan predicciones y elaboran un «mapa del delito». De este modo, las fuerzas policiales pueden tener una idea concreta, en base a datos, de que lugares de una ciudad más conflictivos y propensos al delito (*hotspots*) y, en consecuencia, les permite organizar sus recursos de la manera más eficaz. Así la policía pueda anticiparse a los hechos delictivos en vez de simplemente reaccionar cuando estos ya se produjeron.

Sin embargo, si bien las predicciones son realizadas por algoritmos, sus resultados no son siempre objetivos. Esto es así ya que surgen de datos previos recabados por las fuerzas policiales que tienen sus propios sesgos; y, a su vez, los algoritmos que las realizan también están contaminados con los sesgos racistas y clasistas de quienes los crean. Por lo tanto, los resultados que la IA brinda son tergiversados y parciales. Es decir, que las predic-

4. De acuerdo con la terminología referida. *Vid.* MIRÓ LLINARES, F., «Inteligencia artificial y justicia penal: más allá de los resultados lesivos causados por los robots», *Revista de Derecho Penal y Criminología*, 3.ª Época, n.º 20, UNED, 2018, p. 97 y ss.

5. Carta ética europea sobre el uso de la inteligencia artificial en los sistemas judiciales y su entorno, adoptada por el CEPEJ el 3/12/2018.

ciones que los algoritmos realizan no hacen otra cosa que reproducir y profundizar un determinado diseño político criminal selectivo que criminaliza delitos comunes (en general, delitos contra la propiedad) cometidos, en su mayoría, por los sectores sociales más vulnerables y excluidos[6].

Otras de las herramientas utilizadas por la policía para la prevención de delitos que recibió la influencia de la IA son los agentes provocadores. Entre ellos, los desarrollos en programas informáticos (*chatbots*) que simulan conversaciones humanas, diseñados para buscar y detectar abusadores de menores en las distintas redes sociales y foros. Por ejemplo, el proyecto «Negobot», desarrollado por la Universidad de Deusto, que se hace pasar por una niña (Lolita) que interactúa de manera online con adultos. Para poder llevar adelante esas conversaciones, el programa utiliza procesamiento de lenguaje natural, recuperación de información y aprendizaje automático. A los mismos fines, la ONG «*Terre des Hommes*» diseñó «Sweetie», un avatar, manejado por agentes, que representa una niña filipina que interactúa en distintos foros con personas que toman contacto con ella.

Sin embargo, la implementación de estos programas genera ciertos cuestionamientos, dado que al tratarse de agentes provocadores (ahora virtuales), muchas veces instigan a cometer delitos y, de este modo, violentan la garantía de no autoincriminación[7].

Por otro lado, en la Argentina se implementó una herramienta de reconocimiento facial desarrolladas para localizar y detener a personas prófugas (SRFP)[8]. A través de más 300 cámaras de videovigilancia que fueron ubicadas en las calles y estaciones de subte de la ciudad, el sistema recolecta, en tiempo real, las imágenes de los rostros de las personas que por allí circulan y las compara con la base de datos de la Consulta Nacional de Rebeldías y Capturas (CoNaRC) que proporciona los datos biométricos de las personas requeridas por la justicia. Cuando detecta una coincidencia entre las imágenes de video vigilancia y la información de la base de datos, el sistema genera una alerta para que el personal policial más cercano intervenga, corrobore esa situación y detenga a la persona sospechosa.

---

6. *Vid.* RIQUERT, M. A., «*Inteligencia artificial y derecho penal*», Ed. Ediar, Argentina, 2021 p. 127, en este sentido Cathy O'Neil hace referencia al «bucle de retroalimentación pernicioso», es decir que, como la vigilancia se hace siempre en los mismos barrios, genera nuevos datos que retroalimentan el sistema que nos volverá a enviar al mismo lugar.
7. *Vid.* Fallos: 313:1305 de la CSJN (11/12/1990).
8. Implementado en la Ciudad de Buenos Aires y aprobado mediante Res. 398/MJYSGC/19. Esta herramienta forma parte del Sistema Público Integral de Videovigilancia de dicha ciudad.

El SRFP fue duramente cuestionado por las asociaciones civiles[9], al punto que, algunas de ellas, solicitaron se declare la inconstitucionalidad de las normas que lo implementaron, por lesionar el derecho a la privacidad, a la libertad de reunión y expresión de todos los ciudadanos[10], así como también el principio de presunción de inocencia. Además, se cuestionó la ausencia de mecanismos de control y seguridad del flujo de información del sistema, así como también la calidad del reconocimiento.

Sin embargo, lo que es aún más escandaloso es el uso ilegal que se le dio al sistema para buscar personas que no estaban en la lista de prófugos de la CONARC. En este sentido, la Defensoría del Pueblo de la Ciudad, advirtió serias falencias en las bases de datos utilizadas por el sistema, como por ejemplo errores o falta de actualización de datos (como causas prescriptas y pedidos de captura que no estaban vigentes), lo que llevó a la arbitraria detención de persona que en realidad no estaban prófugas de la justicia (falsos positivos)[11].

A raíz de estos cuestionamientos, en septiembre del 2022, una jueza de la Ciudad de Buenos Aires declaró la inconstitucionalidad de la Res. 398/19 que aprobó la implementación del SRFP por no cumplir con los recaudos legales de protección de los derechos personalísimos de los ciudadanos.

Además, me parece interesante pensar donde fueron instaladas las cámaras de reconocimiento facial. El hecho de que se encuentren en las estaciones de trenes y subte indica claramente qué tipo de delitos se quieren perseguir, esto es, aquellos que son cometido, en su mayoría, por las clases «bajas» (robos, hurtos, etc.). De modo que el sistema probablemente nunca encuentre a personas imputadas por delitos económicos o de corrupción.

En este sentido, tal como señala Riquer, el sistema de reconocimiento facial tiene sesgos que hacen que los errores recaigan siempre sobre los mismos grupos. Por esta razón, y teniendo en cuenta la gravedad de las medidas de coerción puestas en práctica por la policía ante las alarmas que

---

9. Podemos mencionar al Observatorio de Derecho Informático de Argentina (ODIA), el CELS (Centro de Estudios Legales y Sociales) y ADC (Asociación de Derechos Civiles).

10. La sensación de estar ante constante vigilancia puede generar la autocensura de los comportamientos sociales de los ciudadanos en el espacio público (Riquert, *op. cit.*, pp. 128-129) por miedo a la persecución. Esto indudablemente, afecta los derechos de reunión y libertad de expresión, esenciales para una vida en democracia.

11. Ver publicaciones realizadas por el CELS y la ONG Chequeado, disponibles en: Uso ilegal del sistema de reconocimiento facial en CABA: a pedido del gobierno de la Ciudad, el TSJ sacó al juez de la causa – CELS; Video-vigilancia en Buenos Aires: la otra cara del control – Chequeado – Investigación [13/7/2023].

emite el sistema (es decir, la detención de personas identificadas), es que su uso debe ser sumamente prudente[12].

II. INTELIGENCIA ARTIFICIAL JUDICIAL

Otra de las esferas en las que ha incursionado el uso de esta tecnología es en la gestión judicial. En Argentina se desarrolló el sistema PROMETEA, primer sistema de inteligencia artificial predictivo de América Latina que se aplica en el ámbito del Ministerio Público Fiscal de la Ciudad de Buenos Aires. El sistema se nutre de la información de expedientes anteriores y sugiere un dictamen en base a lo que se resolvió en casos análogos, es decir, puede predecir la solución de un expediente.

Fue ideado para optimizar el servicio de justicia y agilizar exponencialmente los procesos judiciales, mediante la automatización de procesos estandarizados. Esta inteligencia artificial es capaz de leer, predecir, escribir y resolver un expediente judicial en 20 segundos —en promedio— y con una taza de acierto del 96%[13]. Entonces, al evacuar las tareas simples y repetitivas mediante el uso de este sistema, los operadores judiciales pueden dedicar más tiempo a los casos más complejos que requieren un análisis más profundo y mejorar la calidad de sus dictámenes en esos casos específicos.

Desde su implementación en 2017 se utiliza en la Ciudad de Buenos Aires para temas vinculados al derecho a la vivienda, el empleo público y las personas con discapacidad y, recientemente, ha sido puesto a prueba en el fuero penal para resolver causas contravencionales relativas a la conducción en estado de ebriedad.

De acuerdo con sus desarrolladores, otra de las ventajas del uso de PROMETEA es que contribuye al respeto del principio de igualdad y seguridad jurídica ya que asegura que ante un mismo problema las personas recibirán la misma respuesta por parte del Estado. Además, al reducir notablemente los plazos del proceso, PROMETEA también contribuye a garantizar el derecho a la tutela judicial efectiva y el principio de plazo razonable.

Por su parte, el sector privado argentino (ElDial.com) desarrolló el programa asistido por inteligencia artificial denominado «Sherlock Legal». Este fue creado sobre la base de datos de jurisprudencia que posee la editorial y emplea un software de procesamiento de lenguaje natural asistido

12. *Vid.* RIQUERT, *op. cit.*, p. 97.
13. *Vid.* CORVALAN, J. G., «Estados eficientes. La productividad del sector público», *Algoritmolandia. Inteligencia Artificial para una integración predictiva e inclusiva en América Latina*, 1.ª edición, Integración y Comercio, Ed. Planeta, 2018, p. 261.

por IA que le permite la extracción automatizada de conocimientos de textos jurídicos. Entonces, básicamente, los usuarios realizan preguntas y, mediante un algoritmo, el sistema las interpreta y analiza sintácticamente, para luego buscar la respuesta dentro de los sumarios de fallos y extraer los fragmentos más relevantes.

Ninguno de los dos sistemas tiene por finalidad resolver un pleito, sino que están enfocados en brindar herramientas a las partes litigantes para la elaboración de diversos escritos jurídicos (dictámenes, recursos, etc.).

Distinto es el caso de lo que se conoce como «juez robot», donde la IA toma la decisión y resuelve el caso con la información que le presentar las partes, tal como lo haría un juez humano. Es decir, sistemas que directamente toman las decisiones en el caso. En Estonia, por ejemplo, esta tecnología es utilizada para resolver conflictos menores (disputas contractuales que no excedan los 7000 euros). Las partes cargan en la plataforma los documentos e información relevante del caso y luego, en base a las normas y precedentes similares, el sistema toma una decisión, que podrá ser apelada ante un juez humano.

Otro ejemplo es el caso de China, donde se ha puesto en marcha el Tribunal de Internet de Beijing en el área de comercio electrónico, pagos virtuales, transacciones en la nube, así como también para resolver controversias que versen sobre derechos de propiedad intelectual. En este caso el «juez» tiene una imagen femenina, con voz y facciones de una persona real y se utiliza.

El desarrollo de los «jueces robots» nos lleva a pensar si la IA podría reemplazar totalmente a los humanos en la tarea de impartir justicia. Para formular una respuesta debemos recordar que el juez no puede ser un mero aplicador de leyes (aunque lo haga rápidamente), porque para impartir justicia no alcanza con el conocimiento de una norma, sino que, además, esta debe ser aplicada con prudencia, sentido común y sensibilidad social. El juez debe ser capaz de comprender el contexto y las circunstancias particulares de cada caso, así como también el impacto que su decisión tendrá sobre las personas involucradas en el pleito, tareas que requieren de cierta subjetividad que los algoritmos desarrollados hasta el momento no tienen[14].

En este sentido, cabe preguntarnos si, por ejemplo, un «juez robot» tendría la capacidad de resolver un caso complejo, como puede ser un caso de

14. *Vid.* CÁRDENAS KRENZ, R., «¿Jueces robots? Inteligencia artificial y derecho», *Revista Justicia & Derecho*, Vol. 4, N.º 2, Universidad Autónoma de Chile, 2021.

libertad de expresión. Para ello, la IA debería ser capaz de determinar si una expresión debe ser censurada —por ejemplo— por incitar al odio o la violencia, tarea que implica comprender el contexto social y cultural en el que fue emitida, y que hacen a su sentido y significado.

Por otro lado, al proponer resoluciones en base a casos anteriores y despojar a la tarea judicial de toda reflexión crítica, el uso de IA podría petrificar la jurisprudencia y obstruir el desarrollo de nuevas interpretaciones de la norma que sean acordes con los procesos de evolución y transformación que atraviesa toda sociedad.

De este modo, y a los fines de garantizar la justicia en el caso concreto, lo ideal sería, como en el caso de Estonia, que toda sentencia generada mediante sistemas de IA sea siempre revisada por un juez humano. Es decir, no se trata de implementar una mera máquina de juzgar sino más bien un sistema que permita optimizar el funcionamiento de un sistema en el que la valoración humana siga siendo esencial[15].

Por último, cabe mencionar las herramientas de IA aplicadas a la actividad judicial para la valoración de riesgos (IAJVR), que son utilizadas para contribuir en la toma de decisiones durante el proceso judicial, tales como la imposición de una medida cautelar o la concesión de la libertad condicional. A partir de una serie de datos personales (relacionados con factores individuales, sociales y ambientales) el sistema busca establecer patrones y relaciones entre variables para establecer una predicción respecto al futuro comportamiento de una persona (por ejemplo, que tan probable es que un imputado huya o cometa nuevos delitos)[16].

Algunos autores[17] sostienen que esto no es más que la versión tecnológica de los clásicos pronósticos de «peligrosidad», pero ahora bajo la apariencia de la objetividad y la fiabilidad que, supuestamente, puede brindar un algoritmo. Sin embargo, al igual que en las herramientas de IAP antes comentadas, la realidad es que estos sistemas reproducen los sesgos humanos de quien los diseñó, que muchas veces llevan a la discriminación de determinadas personas o grupos.

Este es el caso del sistema COMPAS (*Correctional Offender Management Profiling for Alternative Sanctions*), utilizado en Estados Unidos para deter-

15. *Vid.* RIQUERT, *op. cit.*, p. 131.
16. *Vid.* MIRÓ LLINARES, F., *op. cit.*, pp. 107 y ss.
17. *Vid.* ZAFFARONI, E. R., en el prólogo de *Inteligencia artificial y derecho penal, op. cit.*; SÁNCHEZ VILANOVA, M., «La presunción de inocencia ante las herramientas estructuradas de valoración de riesgo», *Suplemento de «Innovación y Derecho»*, La Ley, N.º 2, 2021.

minar la probabilidad de reincidencia de una persona en base a un análisis de la información obtenida mediante una encuesta y los antecedentes penales individuales. La ONG «Propublica» pudo comprobar que el sistema tiene sesgos raciales y discriminatorios, ya que les otorga a las personas afroamericanas una probabilidad de reincidencia más elevada que al resto de los imputados.

En «State v. Loomis»[18] se demostraron dos cuestiones importantes: que este software no permite realizar predicciones individualizadas, sino que le asigna a la persona los riesgos de reincidencia correspondientes a un grupo; y que, además, no sabemos cómo funciona el algoritmo ni de qué manera la herramienta valora la información.

Esto último se debe al secreto empresarial que les permite a los desarrolladores de estos sistemas proteger sus códigos fuentes y los exime de la obligación de exponerlos al público, para evitar que otros lo copien. El problema es que, al ser secretos, los algoritmos constituyen una «caja negra» que queda excluida del control del imputado, lo que deriva en una clara afectación al derecho de defensa y debido proceso. La única solución es la transparencia algorítmica[19].

CONCLUSIONES

Como se puede observar, la IA se aplica en los sistemas de justicia penal tanto para gestionar de manera más eficiente la persecución del delito y la distribución de recursos de las fuerzas de seguridad, como para darle celeridad a los procesos judiciales y colaborar con las partes y los jueces en la toma de decisiones. Es una realidad de la que no podemos escapar, el mundo avanza y el derecho no puede quedarse atrás.

Sin embargo, como vimos, la implementación de estos sistemas puede lesionar diversos derechos y garantías constitucionales, tales como el derecho a la privacidad, a la libertad de expresión, el derecho a la no discriminación, el derecho de defensa en juicio, entre otros.

Sobre todo, me parece importante cuestionar y repensar la concepción de que los resultados elaborados por algoritmos son imparciales y neutrales, dado que son el producto de razonamientos matemáticos y lógicos. Como hemos visto, esto es completamente falso. Por ello es que, a la hora

18. State v. Loomis, 881 N.W.2d 749 (Wis. 2016), accesible online en: https://law.justia.com/cases/wisconsin/supreme-court/2016/2015ap000157-cr.html [5/6/2023].

19. *Vid.* MARTÍNEZ GARAY, L., «Peligrosidad, algoritmos y *due process*: el caso *State c. Loomis*», *Revista de Derecho Penal y Criminología*, 3.ª Época, n.º 20, 2018, p. 497.

de implementarlos, debemos ser conscientes de que estos sistemas incorporan los sesgos (económicos, raciales, culturales, etc.) de quienes los desarrollan y de la información con la que trabajan. Es decir, que no son ajenos a los sesgos humanos, sino que simplemente estos son camuflados con tecnología[20].

De este modo, considero que la IA es una herramienta que brinda ciertos beneficios, pero que debe ser aplicada cuidadosamente, respetando los derechos y principios constitucionales para evitar, entre otras cuestiones, la constante criminalización de los mismos grupos.

BIBLIOGRAFÍA

BAVIO, M. E., «Garantías Constitucionales en el marco de la prevención e investigación de delitos cibernéticos. Agente encubierto online en la lucha contra el cibercrimen», ORDOÑEZ, P., *Medios de prueba en el proceso penal,* T. 4 «Prueba Digital», Hammurabi, 2021, p. 74.

CÁRDENAS KRENZ, R., «¿Jueces robots? Inteligencia artificial y derecho», *Revista Justicia & Derecho,* Vol.4, N.º 2, Universidad Autónoma de Chile, 2021.

CORDERO, C. R., «Inteligencia artificial en la justicia (del juez-robot al asistente-robot del juez)», *Revista de Derecho Público,* N.º 96, 2022, p. 145.

CORVALAN, J. G., «Estados eficientes. La productividad del sector público», *Algoritmolandia. Inteligencia Artificial para una integración predictiva e inclusiva en América Latina,* 1.ª edición, Integración y Comercio, Ed. Planeta, 2018, p. 261.

CORVALAN, J. G, *Prometea. Inteligencia artificial para transformar organizaciones públicas,* Ed. Astrea, Buenos Aires, 2019.

DUPUY, D., «Inteligencia artificial aplicada al derecho penal y procesal penal», DUPUY, D. y KIEFER, M. *Cibercrimen II,* ed. Bdef, Argentina, 2018, p. 283 y ss.

ESTEVEZ, E; FILLOTTRANI, P.; LINARES LEJARRAGA, S., *PROMETEA: transformando la administración de justicia con herramientas de inteligencia artificial,* BID, Nueva York, 2020.

20. *Vid.* O'NEIL, C., *Armas de destrucción matemática. Como el Big Data aumenta la desigualdad y amenaza la democracia,* traducción de Violeta Arraz de la Torre, Ed. Capitán Swing, 2018.

MARTÍNEZ GARAY, L., «Peligrosidad, algoritmos y *due process*: el caso *State c. Loomis*», *Revista de Derecho Penal y Criminología*, 3.ª Época, n.º 20, 2018, p. 497.

MUÑOZ RODRÍGUEZ, A. B., «El impacto de la inteligencia artificial en el proceso penal», *Anuario de la Facultad de Derecho*, Universidad de Extremadura, España, 2020, pp. 704 y ss.

POLANSKY, J. A, *Garantías constitucionales del procedimiento penal en entorno digital*, Hammurabi, Buenos Aires, 2020.

RIQUERT, M. A., «*Inteligencia artificial y derecho penal*», Ed. Ediar, Argentina, 2021.

ROUHIAINEN, L., «*Inteligencia artificial. 101 cosas que debes saber sobre nuestro futuro*», Ed. Alienta, Barcelona, 2018, p. 17.

SÁNCHEZ VILANOVA, M., «La presunción de inocencia ante las herramientas estructuradas de valoración de riesgo», *Suplemento de «Innovación y Derecho»*, La Ley, N.º 2, 2021.

Parte II
Los algoritmos y la comunicación social

Capítulo 1

Freedom of expression and impacts on the balance of power between producers and consumers of algorithmically generated content. The polish experience as an EU member state

La libertad de expresión y su impacto en el equilibrio de poder entre productores y consumidores de contenido generado algorítmicamente: la experiencia de Polonia como estado miembro de la UE

ALICJA JASKIERNIA
University of Warsaw

JERZY JASKIERNIA
Jan Kochanowski University in Kielce

INTRODUCTION

The central idea behind the notion of deliberative democracy is exercising our freedom of expression in a political discourse which allows a fair and critical exchange of ideas and values. This is a process through which individuals develop autonomous understandings of their own political preferences and will. With the above-mentioned autonomy goals in sight, the primary goal of European media policies is to ensure that users have access to pluralistic media content. However, diversity policies are still primarily aimed at organising the supply side and paradoxically, they are increasingly detached from the way users actually find, access and consume media content in the brave new world of digital abundance. The human need for filtering is what prompted algorithmic personalization. Content personalization systems (think search engines, social media feeds and targeted advertising) and the algorithms they rely upon play an increasingly important role in our political discourse by guiding users media consumption and informing their choices. Personalized algorithms filter the content and structure of a web application to adapt it to the specific needs, goals, interest and preferences of each user[1].

Algorithms have become ubiquitous in our modern, technology-driven society. They are used in Global Position Systems (GPS), as well as in many different aspects of mobile phones and personal computers. An increasing number of algorithms work to produce outputs that may be considered speech, such as automatically generated news stories, search results and their autocomplete function, as well as chat bots, such as Amazon's Alexa, Apple's Siri, Google's Assistant, and Microsoft's Cortana. There is also an untold number of bots operating on Twitter, some of which Twitter has begun to prune more aggressively because of disinformation campaigns. The issues surrounding such algorithmically generated speech will only increase in importance as algorithms are developed to create more «intelligent» and complex speech, which may include unforeseen utterances. Further issues arise as well: whether algorithmically generated content should be considered speech, whether the controllers of algorithms are content providers or intermediaries, when might liability be imposed for infringing algorithmic speech, the extent to which algorithmically generated content is afforded freedom of expression protection, under what circumstances would interferences be justified, and the implications of having the freedom of expression framework apply to algorithmically generated speech[2].

We will try to address these problems upon the experience of Poland as an EU member state.

1. *Vid.* KRAJNOVIC, T., Freedom of Expression in the Digital Age – a provocation on autonomy, alghoritms and curiosity, Centre for Media Pluralism and Media Freedom, 16 December 2017, p. 1.
2. *Vid.* SEARS, A. M., Algorithmic Speech and Freedom of Expression, Vanderbilt Journal of Transnational Law, vol. 53, Issue 4, October 2020, pp. 1328-1330.

I. GENERAL CHARACTERISTICS OF ALGORITHMICALLY GENERATED CONTENT

Algorithmic Society is defining as «a society organized around social and economic decision-making by algorithms, robots, and AI agents»[3]. Inventing algorithms and translating them so the computer can execute them is what programmers do. And «algorithmically generated content», perplexing as it may initially sound, describes the simple idea of instructing the computer to generate content. It exists, in various forms, for over half a century, while the related research goes even further back[4].

The important question is whether and when content generated by an algorithm should be considered «expression» deserving of legal protection. Free expression has been described as «the matrix, the indispensable condition, of nearly every other form of freedom». It receives extensive protection in many countries through legislation, constitutional rights, and the common law. Freedom of expression has unsettled boundaries. At their cutting edge lies the problem of «speech» produced by algorithms, a phenomenon that challenges traditional accounts of freedom of expression and impacts the balance of power between producers and consumers of algorithmically generated content[5].

The Algorithmic Society features the collection of vast amounts of data about individuals and facilitates new forms of surveillance, control, discrimination and manipulation, both by governments and by private companies. Call this the problem of Big Data. The Algorithmic Society also changes the practical conditions of speech as well as the entities that control, limit, and censor speech[6].

Social media platforms, such as Facebook, are today's agoras, the spaces where public discourse takes place. Public debate revolves around content moderation, seen by some as necessary to remove harmful content, yet as censorship by others. Kai Riemer and Sandra Peters argue that the current debate is exclusively focused on the speaking side of speech

3. *Vid.* BALKIN, J. M., The Three Laws of Robotics in the Age of Big Data, Ohio State Law Journal, vol. 78, 2017, p. 1217.
4. Vid ANDRIOTIS, N., Algorithmically generated content. The futur of e-learning? https://www.efrontlearning.com/blog/2014/08/algorithmically-generated-content-future-e-learning.html (accessed: 09.10.2020).
5. *Vid.* GOSWANI, M., Constitutional Law, Human Rights, and Algorithms, [in:] The Cambridge Handbook of the Law of Alghoritms, ed. W. Barfield, Cambridge University Press, Cambridge 2020, p. 558.
6. *Vid.* BALKIN, J. M., Free speech in the Algorithmic Society: Big Data, Private Governance, and New School Speech Regulation, University of California, Davis Law Review, 2018, vol. 51, p. 1153.

but overlooks an important way in which platforms have come to interfere with free speech on the audience side. Rather than simply speaking to one's follower network, algorithms now organise speech on social media with the aim to increase user engagement and marketability for targeted advertising. The result is that audiences for speech are now decided algorithmically, a phenomenon we term «algorithmic audiencing». When black-boxed algorithms determine who we speak to the problematic for free speech changes from «what can be said» to «what will be heard» and «by whom». They problematise the audience side of speech if we want to truly understand, and regulate, free speech on social media. For Information Systems research, algorithmic audiencing opens up entirely new research avenues[7].

Numerous issues arise from the volume of information, the culturally sensitive and contextual nature of that information, and the nuances of human communication. Attempting to scale moderation, social platforms are increasingly adopting automated approaches to suppressing communications that they deem undesirable. However, this brings its own concerns. Algorithmic censorship is distinctive for two reasons: (1) in potentially bringing all communications carried out on social platforms within reach and (2) in potentially allowing those platforms to take a more active, interventionist approach to moderating those communications. Consequently, algorithmic censorship could allow social platforms to exercise an unprecedented degree of control over both public and private communications[8].

II. LIABILITY FOR ALGORITHMIC SPEECH IN THE EUROPEAN UNION COUNTRIES

The determination of who is a content provider informs the extent of liability. Content providers-those who provide their own content, adopt third-party content, exercise editorial control, or initiate the dissemination of third-party content-are typically held fully liable for the content that they publish. Conversely, mere intermediaries enjoy limited liability, or in some instances, immunity, as they may not be aware of the exact content that they are transmitting. Limited liability frameworks may vary substantially by country, although there is some level of harmonization within the European

7. *Vid.* RIEMER, K., PETERS, S., Algorithmic audiencing: Ewhy we need to rethink frr speech on social media, Journal of Information Technology, 2021, vol. 36, Issue 4, p. 409.
8. *Vid.* COBBER, J., Algorithmic Censorship by Social Platforms: Power and Resistance, Philosopphy & Technology, 2021, vol. 34, p. 739.

Union[9]. A good, albeit broad, international definition of the principle of limited liability for intermediaries may be found in paragraph 2(a) of the *Joint Declaration on Freedom of Expression and the Internet*, which states: «No one who simply provides technical Internet services such as providing access, or searching for, or transmission or caching of information, should be liable for content generated by others, which is disseminated using those services, as long as they do not specifically intervene in that content or refuse to obey a court order to remove that content, where they have the capacity to do so ("mere conduit principle")»[10].

The European Union Directive 2000/31/EC (E-Commerce Directive) governs the liability of intermediaries within member states; the results to be achieved are binding, but the forms and methods to reach those results are left to the national authorities. Article 12 of the Directive protects intermediaries that are a «mere conduit», and, although its usage in this provision is slightly different than that used above, the principle is largely the same. The E-Commerce Directive further distinguishes intermediaries that perform «caching» and hosting functions in Articles 13 and 14, respectively, and the framework for liability differs between these three «classes» of intermediaries. Generally, these provisions provide protection from liability to intermediaries whose roles are «merely technical, automatic and passive» and do not protect those that play «an active role of such a kind as to give [them] knowledge of, or control over, the data stored»[11].

The Court of Justice of the European Union (CJEU) has examined the intermediary liability provisions of the E-Commerce Directive. A notable case in this regard involved the selling of goods on an online platform that infringed trademark rights. In *L'Ordal v. eBay*[12], the court found that the limitation of liability for hosting providers in Article 14(1) applies to an «operator of an online marketplace» so long as it «has not played an active role allowing it to have knowledge or control of the data stored». However, even if the platform has not played an «active role», the limitation will not apply if the platform was «aware of facts or circumstances from which the illegal activity or information is apparent» and with that awareness it failed to act expeditiously to remove or disable access to the illegal content. This

9. *Vid.* GARROTE FERNÁNDEZ-DIÉZ, I. G., Comparative analysis on national approaches to the liability of internet intermediaries for infringement of copyright and related rights 67, 71-72, World Intellectual Property Organization 2010, p. 71.

10. *Vid.* SEARS, A., Algorithmic speech..., p. 1350.

11. Ibidem.

12. Case C-324/09, L'Oreal SA v. eBay International AG, 2011 E.C.R. 1-6011.

reiterated the rule in *Google France v. Louis Vuitton*[13], a case involving ads for counterfeit goods being shown when a trademarked term was entered in the search engine. There, the court found that «concordance between the keyword selected and the search term entered by an internet user is not sufficient of itself to justify the view that Google has knowledge of, or control over, the data entered into its system by advertisers and stored in memory on its server», but also that «the role played by Google in the drafting of the commercial message which accompanies the advertising link or in the establishment or selection of keywords is relevant»[14].

Article 17 of the Directive for Copyright in the Digital Single Market imposes on certain platforms an indirect obligation of algorithmic filtering, while providing a plethora of textual safeguards and guarantees for freedom of speech and legitimate uses. Maxime Lambrecht argues however that this traditional approach of formal safeguards and procedural remedies has proved its inability to effectively protect users rights to benefit from exceptions and limitations to copyright on digital platforms. He suggests an alternative approach, «free speech by design», aimed at embedding a concern for freedom of expression in the design of algorithmic copyright enforcement systems. Informed by CJEU case law (notably the recent *Spiegel Online, Funke Medien* and *Pelham trio*), he assesses how such approach can be leveraged to include, in the implementation of the DSM directive, an algorithmic protection for the exceptions for quotation and parody, which are of particular importance for the right to freedom of expression[15].

III. POLAND'S EXPERIENCE AS AN EU MEMBER STATE WITH THE BALANCE OF POWER BETWEEN PRODUCERS AND CONSUMERS OF ALGORITHMICALLY GENERATED CONTENT

In 1991, the first Polish Internet connection was established between the University of Copenhagen and the University of Warsaw. After dial-up Internet access became widely available in the country in 1996, various forms of online communication, such as bulletin boards, emerged and would grow steadily, eventually being supplanted by early blogging plat-

13. Cases C-236/08 to C-238/08, Google France and Google Inc. v. Louis Vuitton Malletier SA, Google France v. Viaticum SA, and Luteciel S.A.R.L. and Google France v. Centre national de recherche en relations humaines (CNRRH) S.A.R.L., 2010, E.C.R. 1-0241.
14. *Vid.* SEARS, A., Alghotritmic speech..., p. 1351.
15. *Vid.* LAMBRECHT, M., Free speech by Design – Alghoritmic protection of exeptions and limitations in Copyright DSM Directive, Journal of Intelectual Property, Information Technology and E-Commerce Law, 2020, vol. 11, No. 1, p. 68.

forms. These set the stage for the first Polish social network, Nasza Klasa («Our Class»), which was launched in 2006 by a group of university students from Warsaw. Designed as a method for classmates stay in touch after graduation, it became a popular platform and experienced impressive growth in the late 2000s. In the past few years, however, Poles have increasingly shifted towards a variety of next generation online platforms and forums. In 2011, the overall Internet penetration rate was around 59%, and there were only 5.5 million Polish Facebook users, but in the past six years, household Internet penetration is said to have increased substantially to 80%, for of a total of approximately 30.4 million total Internet users. According to the most recent data available, more than three quarters of those online are now on Facebook, which now has approximately 22.6 million users in the country [16].

Even in Poland, emerging forces of trolling and hate speech are interacting with an online experience that is increasingly governed by algorithms, with various interesting and troubling effects. In one notable example, a journalist writing in a prominent publication was «outed» by mocking users posting in the comment section. Although these comments were promptly deleted by moderators, they were online long enough to be picked up by Google's indexing algorithm, and searches of the journalist's name would suggest embarrassing autocomplete results that were supposed to be private (e.g. those searching for «John Doe» would see «John Doe is gay» as the top suggestion). With the help of a Polish digital rights NGO, the journalist took his case to Google, which initially argued that it could not affect the autocomplete results as they were algorithmically generated, but eventually agreed to change them. This presented itself as a fascinating «Right to be forgotten» case, as the central issue was not with online content itself, but rather with algorithmically generated tags that were automatically attached to this content. In the words of one interview, this example shows that in the age of algorithms, «trolling and hate can generate lasting effects» that may not be immediately apparent [17].

The report published in 2017 provides the first overview of political bots, fake accounts, and other false amplifiers in Poland. Based on extensive interviews with political campaign managers, journalists, activists, employees of social media marketing firms, and civil society groups, the report outlines the emergence of Polish digital politics, covering the energetic and hyper-partisan «troll wars», the interaction of hate speech with

16. *Vid.* LEE, J.-A., Computer Generated Works under the CDPA 1988, [in:] Artificial Intelligence and Intelectual Property, eds. J.-A. Lee, R. M. Hilty, K-C. Liu, Oxford University Press, Oxford 2021, pp. 7-8.

17. Ibidem, pp. 10-11.

modern platform algorithms, and the recent effects of «fake news» and various sources of apparent Russian disinformation. The report then explores the production and management of artificial identities on Facebook, Twitter, and other social networks- an industry confirmed to be active in Poland- and assesses how they can be deployed for both political and commercial purposes. The quantitative portion of the report features an analysis of Polish Twitter data and demonstrates that a very small number of suspected bot accounts are responsible for a disproportionally large proportion of activity on the sampled political hashtags. Furthermore, within this dataset, there appear to be twice as many suspected right-wing bot accounts as there are left-wing accounts. These right-wing accounts are far more prolific than their left-wing counterparts, with a tiny number of highly active right-wing accounts generating more than 20% of the total volume of political Twitter activity collected over a three-week period. Overall, the report provides evidence for a rich array of digital tools that are increasingly being used by various actors to exert influence over Polish politics and public life[18].

Following provisions of the Constitution of Republic of Poland of 2 April 1997 have crucial meaning for protection of the rights of citizens in these areas: art. 47: Right to protection of private, family life, honour and reputation; art. 49 - freedom of communication; art. 61 - Right of access to public information; art. 76 - Protection of consumer rights. Additionally, Article 54 of the Constitution of Poland states:

1. Everyone is guaranteed the freedom to express their views and to obtain and disseminate information.

2. Preventive censorship of the media of social communication and licensing of the press are prohibited. The act may introduce an obligation to obtain a radio or television license in advance.

What does this mean in practice? We should treat freedom of speech as an opportunity to express our views freely, no matter what they are. Moreover, we have the right to do so both in the private and public spheres. We should not be punished for this in any way. Unless our freedom of speech violates the good of another person or even harms them. So, does this mean that we have impunity online? Not completely. There are cases where a person harming others on the Internet has not been punished for his offenses. However, from year to year, more and more organi-

18. Vid GORWA, R., Computational propaganda in Poland: false amplifiers and the digital public sphere, University of Oxford, Working Paper No. 2017.4.

zations are created to support activities to protect the freedom of speech or fight against hate[19].

Users citizens should have the right to make the algorithms they are subject to transparent and not to make them a political decision. We can't escape the automated ways of filtering and organizing information —there is just too much of it. It is therefore necessary to delegate some of these powers to professional external actors. An open question, however, is to what rules these algorithms should be subordinated and how to ensure the transparency of their operation. From a social perspective, the level of human involvement in decision-making is a more important factor than the level of use of machine learning technology. Preserving the human factor is crucial to ensuring the protection of citizens' rights. It provides transparency and accountability for the process, which we cannot provide today in the case of fully automated systems. Based on Article. 22 of the Regulation on the Protection of Personal Data (GDPR), a citizen may request that in important matters— generating legal effects —a decision based on the processing of personal data should not be taken fully automatically, so that a person is present in the decision loop—[20].

Poland, as a European Union member states, must implement the E-Commerce Directive into their domestic legislation. While the CJEU has given guidance on the liability of certain online intermediaries, it has yet to provide more specific direction on how to analyze claims involving algorithmic speech. However, some national courts in Europe have had to interpret and apply the limited liability provisions of the E-Commerce Directive in cases involving a search engine's autocomplete function on a number of occasions, leading to different results. Most of these cases have concerned defamation, when a person or company's name was paired with unbecoming autocomplete suggestions[21].

The general trend in Europe is for search engines to be liable for autocomplete suggestions, which appears to be a reasonable approach. As for search engine results, the proprietors are generally able to make use of limited liability defenses, assuming they respond to notifications of infrin-

19. *Vid.* ZYLOWSKA, K., Wolność słowa w mediach – frazes czy realna wartość? https://socialpress.pl/2021/02/wolnosc-slowa-w-social-media-frazes-czy-realna-wartosc, accessed: 09.10.20220.

20. Vid MAJ, S., Czy algorytmy skazują nas na wolność?, https://www.rp.pl/publicystyka/art18932721-czy-algorytmy-skazuja-nas-na-wolnosc, accessed:09.10.20220.

21. Algorytmy, Prawa Człowieka i Demokracja – sesja 29 III KPO. https://bip.brpo.gov.pl/pl/content/panel/sesja-29KPO-Algorytmy-Prawa-Czlo-wieka-i-Demokracja, accessed: 09.10.2022.

ging content within a reasonable time. Further regulation or guidance was found to be clearly needed in this area, so as to clarify and harmonize the existing standards. Furthermore, algorithms and their speech outputs will only increase in complexity with time. Much will depend upon forms of algorithmic accountability that may be required in the future, as some forms could be considered invasive and burdensome so as to interfere with freedom of expression. Until then, if there is an interference with algorithmic speech, potential interferences with algorithmic forms of expression will be largely the same as they currently are for human speech, such as fines or criminal penalties. The interfering state bears the burden to show that the limitation is justified. Being prescribed by law entails that the law that limits expression is accessible and foreseeable, the law must legally protect persons against arbitrary interferences by public authorities, and the law must meet certain formal requirements. Any interference with freedom of expression must also pursue one of the legitimate aims delineated in human rights instruments. Without a form of algorithmic accountability or another restriction targeting algorithms in place, the first two prongs-prescribed by law and pursuit of a legitimate aim-will again operate as they do for more typical forms of speech. In other words, where existing laws on defamation, hate speech, or copyright are used to restrict algorithmic forms of expression, they are unlikely to be successfully challenged[22].

FINAL OBSERVATIONS

In the light of the analysis carried out, there is no doubt that the algorithmically generated content brings new challenges in terms of freedom of speech and limitations that can be legitimized in this respect. The Constitution of the Republic of Poland included these fundamental guarantees ensuring freedom of speech and freedom of information. Additional guarantees carry international standards, both of a universal character (included in the Universal Declaration of Human Rights and the United Nations Human Rights Covenants) and regional ones (included in particular in the European Convention on Human Rights and in the Charter of Fundamental Rights of the European Union).

Poland, as a member of both the Council of Europe and the European Union, is bound by legally binding standards offered by these international organizations. However, the so-called «soft law», which —although not legally binding— nevertheless carries values that may favor the realization of the word of freedom of speech in the realities of the contemporary world.

22. *Vid.* SEARS, A., Algorithmic speech... *op. cit.*, p. 1375.

Many of these «soft law» instruments serve in the search for legally binding solutions.

The jurisprudence of international courts, in particular the Court of Justice of the European Union and the European Court of Human Rights, plays a significant role in the proper balancing of the interests of producers and consumers of algorithmically generated content. It also allows to adjust the dispositions of the European Union law and the laws of the Council of Europe to the new challenges brought by the development of civilization. Automatically generated content, along with Artificial Intelligence instruments, has brought about many phenomena that cannot be interpreted by traditional instruments. Thus, the jurisprudence of international courts carries this indispensable instrument that enables the problems encountered by individual member states to be solved in accordance with the axiological systems represented by these international organizations.

Capítulo 2

Auto defensa y mayor formación para entender el YIN y el YAN de los algoritmos de Inteligencia Artificial en las redes sociales

Self-advocacy and further education to understand the yin and yang of artifical intelligent algorithms in social networks

Alicia Guerrero Curieses
Universidad Rey Juan Carlos

Resumen

Cada día aparecen nuevos productos y aplicaciones digitales basadas en la utilización de algoritmos de Inteligencia Artificial (IA). La complejidad matemática que los caracteriza dificulta a la mayor parte de la sociedad poder comprender las consecuencias de sus malos usos, tanto los intencionados como los no intencionados. Además, el «éxito» de sus resultados se basa en la utilización de nuestros datos y movimientos digitales, es decir, nuestra huella digital, con poca o ninguna consideración hacia nuestra privacidad. Este artículo introduce en primer lugar los conceptos de IA, algoritmos de aprendizaje automático o máquina, y su presentación en forma de «caja negra». A continuación, particulariza su uso en las plataformas de redes sociales, resaltando los efectos negativos derivados del uso de datos sesgados e incompletos y presentando ejemplos concretos ya publicados en la literatura. Finalmente, termina exponiendo la necesidad de formar a una sociedad que se autodefienda y sea más crítica con los productos y resultados de las empresas tecnológicas, priorizando el bien común de todos en lugar de los beneficios económicos de unos pocos.

Palabras clave

Inteligencia artificial – aprendizaje máquina – modelos de caja negra – algoritmo de filtrado colaborativo – redes sociales – datos sesgados – privacidad – autodefensa – justicia social – educación en ciencia de datos

Abstract

Every day new digital products and applications based on the use of Artificial Intelligence (AI) algorithms appear. Its mathematical complexity makes it difficult to understand the consequences of its misuse, both intentional and unintentional. Moreover, the «success» of their results is based on the use of our data and digital movements (digital fingerprint), with little or no consideration for our privacy-preserving. This article first introduces the concepts of AI, machine learning (ML) algorithms, and their presentation in the form of a «black-box» models. Then, it particularizes the application of the ML algorithms in social networking platforms, highlighting the negative effects derived from the use of biased and incomplete data and showing specific examples already published in the literature. It finishes by stating the need to form a society capable of self-advocate and being more critical of the products and results of technology companies, ranking the common good of all over the economic benefits of a few.

Keywords

Artificial intelligence – machine learning – black-box models – collaborative filtering algorithm – social networks – biased data – privacy-preserving – self-advocacy – social fairness – data science education

INTRODUCCIÓN

Hablar de Inteligencia Artificial es hablar de algoritmos de aprendizaje máquina (*Machine Learning*, ML), también llamados algoritmos de aprendizaje automático. Estos algoritmos están presentes en prácticamente todos los ámbitos de nuestro día a día: salud, leyes, finanzas, transporte, ocio, medios de comunicación, redes sociales, etc. Aunque inicialmente se entendía la IA como «las máquinas o los robots que controlarían el mundo»[1], los enfoques actuales se basan en algoritmos matemáticos que, integrados en gran parte de los aparatos que usamos habitualmente (teléfonos móviles,

1. *Vid.* ZHANG, B. and DAFOE, A., 2019.

televisiones, relojes, coches, etc.)[2], nos permiten obtener sugerencias en nuestras búsquedas de información y de productos, añadir contenidos a nuestros perfiles en las redes sociales, o conocer el estado del tráfico en tiempo real, entre otras muchas cosas. Sin embargo, una parte importante de la sociedad desconoce que esos algoritmos también se están utilizando para tomar decisiones que impactan de lleno en sus vidas. Por ejemplo, para determinar si una persona puede obtener un crédito, comprar una casa, recibir una ayuda o conseguir un empleo[3,4,5]. Es más, no somos conscientes de que esos mismos algoritmos son los responsables de que veamos unos anuncios y sugerencias, y no otros, cuando usamos nuestro Google, Facebook, Instagram, TikTok, Twitter, etc., y que con ello condicionan nuestras decisiones y, por lo tanto, nuestras vidas.

El éxito de los algoritmos de IA y su capacidad de adaptación a situaciones futuras está en nuestros datos. Nuestros datos son «sus alimentos». Cada vez que usamos un dispositivo digital para seleccionar canciones, realizar búsquedas, dar información sobre dónde vivimos y dónde vamos, rellenar encuestas de satisfacción u opinión, etc., «alimentamos» a dichos algoritmos con nuestro rastro de pequeños movimientos e interacciones. Las redes sociales, los motores de búsqueda o las apps de marcas comerciales utilizan todos estos datos para construir lo que ellos denominan «perfiles digitales».

Este artículo tiene tres objetivos principales: primero exponer de forma muy sencilla, el funcionamiento de los algoritmos de ML, centrándose especialmente en los algoritmos de filtrado colaborativo en los que se basan las plataformas de redes sociales; posteriormente resaltar los problemas, fundamentalmente sociales, asociados a la utilización de esos algoritmos y en general, desconocidos por la mayor parte de los usuarios de las plataformas tecnológicas; finalmente, termina mostrando que la solución a los problemas indicados depende no sólo de los propios creadores de la tecnología, aportando un desarrollo más crítico, sino también de los educadores de todos niveles educativos, así como de los propios usuarios finales.

I. NOCIONES BÁSICAS DE LOS ALGORITMOS DE APRENDIZAJE MÁQUINA

Un algoritmo es como una receta culinaria: con una lista de reglas y un conjunto de ingredientes, se obtiene un resultado final. Los ingredientes son

2. *Vid.* TURKLE, S., 1997, p. 46.
3. *Vid.* KLEINBERG ET AL., 2017.
4. *Vid.* KOUROU ET AL., 2015.
5. *Vid.* WONG ET AL., 2006.

los datos que proporcionan nuestras acciones (cada compra, cada búsqueda, cada «me gusta», etc.) que realizamos online, a veces de forma consciente pero muchas otras veces, sin saberlo. El algoritmo usa esa información para realizar predicciones sobre nuestra próxima acción. El resultado final es doble: por un lado, nosotros quedamos satisfechos porque hemos comprado lo que «queremos» y por otro, la empresa tecnológica aumenta sus ganancias vía publicidad.

Las reglas en las que se basan los algoritmos de ML vienen dadas por los desarrolladores o incluso por los propios algoritmos, capaces de auto descubrirlas a partir de ejemplos dados. Esos ejemplos constituyen el llamado conjunto de entrenamiento, que se define como un conjunto de datos para los que el resultado es conocido. Mediante «ensayo y error» se van ajustando unos parámetros de diseño de los algoritmos (llamados pesos), según algún criterio de optimización (por ejemplo, el criterio de minimizar los errores absolutos), con el objetivo de obtener los pesos más adecuados y así determinar una salida o resultado para el llamado conjunto de test, que es el conjunto formado por nuevos datos del tipo de los que van a ir apareciendo cuando el sistema esté en plena producción.

Cuando se considera una estructura muy compleja de aprendizaje y un conjunto de datos de entrenamiento muy grande, se utiliza el término «Aprendizaje Profundo (*Deep Learning*)[6]». Son los algoritmos que se usan, por ejemplo, en la clasificación automática de imágenes o en el reconocimiento de habla natural.

El concepto de «caja negra» se utiliza para identificar a aquellos algoritmos que debido a su enorme complejidad no van a ser entendidos por las personas que no son especialistas en estos temas, pero en los que se confía que, ante cualquier entrada determinada obtienen una salida (respuesta) correcta. Así lo exponía Cathy O'Neil en su libro «Armas de Destrucción Matemática» (ADM)[7], donde afirmaba: «los veredictos de las ADM aterrizan como dictados de los dioses algorítmicos. El propio modelo es una caja negra, su contenido un secreto corporativo ferozmente guardado». En los algoritmos de caja negra, se sabe lo que entra y lo que sale, pero no cómo se realiza esa transformación o conversión. Entre los ejemplos más conocidos de este tipo de algoritmos tenemos: las búsquedas de Google, las sugerencias de Netflix, los asistentes virtuales como Siri o Alexa, etc. El algoritmo es «magia».

6. *Vid.* LECUN ET AL., 2015.
7. *Vid.* O'NEIL, C., 2016, p. 8.

II. ¿CÓMO FUNCIONAN LAS REDES SOCIALES?

Uno de los clásicos algoritmos matemáticos más usados en ML para ofrecer recomendaciones es el algoritmo de filtrado colaborativo basado en el contenido de los usuarios (*User-Based Collaborative Filtering*, UB-CF[8]), que clasifica los contactos sociales de acuerdo con una medida de similitud para ofrecer un conjunto de posibles recomendaciones. UB-CF busca las posibles recomendaciones a partir de las conexiones entre los usuarios de la red social, es decir, los datos que dan lugar a los anuncios pueden venir de tus amigos o contactos y no sólo de tus comportamientos y características personales.

Los principios fundamentales de los algoritmos tipos UB-CF se pueden resumir en tres[9]: (1) las recomendaciones dadas a un usuario pueden estar basadas en características de otros usuarios similares, (2) se utiliza una métrica de similitud (p.e. la similitud de tipo coseno[10]) para determinar qué usuarios son los candidatos a usar para ofrecer esas recomendaciones y (3), los intereses de los usuarios más similares se convierten en los temas recomendados.

Muchos usuarios de redes sociales desconocen que el contenido que ellos ven no depende sólo de ellos mismos, sino que está fuertemente influenciado por lo que sus amigos están publicando, lo que indican que les gusta o dónde están haciendo sus *clics*. Este proceso está oculto al usuario, cuyos «me gusta» o incluso sus conexiones sociales pueden ser filtrados a la red y afectar a sus recomendaciones sin haber sido notificado de ello. Esto podría conducir al usuario a un ciclo de anuncios de productos no deseados, por ejemplo, tipos de dietas, teorías de conspiración, etc.

En (Bagrow et al., 2019[11]), se cuantificó cuánta información sobre una persona está contenida en las publicaciones (*posts)* de Twitter de sus amigos. Encontraron que con sólo 8 o 9 amigos se podían predecir los próximos *tweets* de otro conocido con la misma exactitud que la que se conseguiría a partir de sus propios *tweets*. Comprobaron que algunos algoritmos de ML podían conseguir información de una persona con un 95% de exactitud sólo con utilizar los datos de sus amigos. Uno de los autores del trabajo, el profesor James Bagrow, ha resaltado que cuando te suscribes a una red social, no sólo aportas tu información, sino también las de tus amigos. Mostraron que es posible construir perfiles de no-usuario (*shadow profiles*), basados en

8. *Vid.* SARWAR ET AL., 2001.
9. *Vid.* REGISTER, Y. and SPIRO, E. S., 2022.
10. *Vid.* DOU ET AL., 2016.
11. *Vid.* BAGROW ET AL., 2019.

los contactos que ese no-usuario tiene en la plataforma, incluso sin haberla usado nunca. En las plataformas como Facebook y Twitter, la privacidad no está vinculada al individuo sino a la red. Por ejemplo, haciendo *#DeleteFacebook* la persona puede seguir siendo «perfilada» debido a los lazos o vínculos sociales que permanecen en la plataforma a través de sus amigos. Afortunadamente, también comprobaron que, una vez borrada la cuenta, la predictibilidad va disminuyendo y quizás se pueda volver a conseguir el anonimato con el tiempo.

III. EL YIN Y EL YANG DE LOS ALGORITMOS DE LA IA

Los seres humanos siempre hemos utilizado los datos con el objetivo de comprender los acontecimientos pasados y así poder predecir mejor lo que ocurrirá en el futuro[12]. Los avances tecnológicos que se han conseguido en las últimas décadas en lo que respecta a capacidad de almacenamiento de datos y de procesamiento de la información, han hecho posible poder utilizar cantidades masivas de datos (*big data*) para realizar nuestros análisis y predicciones.

Si tenemos en cuenta que los conjuntos de datos utilizados para entrenar estos algoritmos se crean a partir de los datos disponibles, siempre se refieren al pasado y no al futuro, por lo tanto, los datos son siempre un registro imperfecto y sesgado[13]. Además, a pesar de lo que pueda parecer, los datos nunca son objetivos ni completos[14]. En algunas ocasiones, los datos utilizados no incluyen información que puede resultar fundamental para que la sociedad acepte los resultados como válidos y otras veces, el problema puede estar en que se basan en ejemplos que reproducen tendencias o resultados indeseables. Hay que tener en cuenta que el registro de datos codifica los valores, creencias e ideas de sus creadores, y las interpretaciones y usos incorrectos de los datos pueden causar daños a colectivos concretos y fomentar aún más las desigualdades sociales[15]. Como argumenta O'Neil, quizás no sea debido a intentar eliminar el sesgo humano, sino a camuflarlo con la excusa de que se trata de modelos de gran complejidad matemática, obviando que dentro de estos modelos hay supuestos realmente perjudiciales.

---

12. *Vid.* https://www.dailytelegraph.com.au/news/babylons-ancient-clay-tablets-made-more-census-than-todays-computers-newsstory/3f76510db70c6bfd1185192a2e90badc, Lennon, T., 2016.
13. *Vid.* O'NEIL, C., 2016, *op. cit.*
14. *Vid.* KORDZADEH, N. and GHASEMAGHAEI, M., 2021.
15. *Vid.* RUBIN, A., 2020.

No sólo el modelo matemático determina el éxito de los algoritmos; la calidad de los datos es tanto o más importante. Por ejemplo, los algoritmos de reconocimiento facial funcionan razonablemente bien sobre personas de piel blanca, pero no tanto sobre el resto, lo que puede producir que los sistemas de vigilancia automática acusen a inocentes, con todo lo que ello implica. En el campo de la salud, existen numerosos estudios en la literatura científica donde se demuestra que los algoritmos desarrollados para detección de problemas cardiovasculares se han realizado a partir de datos recogidos de hombres de raza blanca y eso puede conducir a diagnósticos erróneos y a tratamientos inadecuados cuando se aplica sobre otras razas y/o sexos. Existen jueces que han comenzado a delegar las decisiones de sentencia al software de predicción de reincidencia, ignorando el sesgo racial de los datos en los que se basan esas predicciones[16]. En las redes sociales, son muchos los trabajos que han mostrado que los datos y algoritmos amplifican el racismo, el sexismo, la discriminación por edad, la xenofobia, y otras formas de inequidad, injusticia y perjuicio[17,18]. Es vital que el conjunto de datos sea más representativo del problema sobre el que se va a aplicar.

Los algoritmos de IA no siempre mejoran las cosas, no son neutrales y no pueden resolver todos los problemas. Actualmente se ha extendido mucho su utilización en la industria, pero sin prestar demasiada atención a la adaptación específica que requiere su uso para cada problema concreto. Cuando un algoritmo ha demostrado cierta utilidad sobre un problema específico, se aplica sobre otros problemas, aparentemente similares, sin tener en cuenta el sesgo implícito en su diseño como caja negra. Aquí se puede aplicar el dicho: «Lo que vale para todo, no vale para nada». En marzo de 2016, Microsoft presentó *Tay*, un *bot* (robot que realiza tareas repetitivas) basado en un algoritmo de IA que usaba conversaciones de gente joven con el objetivo de aprender a comunicarse. En menos de 24 horas se convirtió en racista y xenófobo, y tuvieron que apagarlo. Era capaz de filtrar palabras malsonantes, pero no estaba preparado para lidiar con el lado «malo» de internet[19]. Hace tan solo unas pocas semanas, Microsoft ha vuelto a intentarlo integrando *ChatGPT*, un generador de textos basado en IA, en su motor de búsqueda con el objetivo de conversar con un *bot* como si fuera un humano. Cuando todo parecía «ser perfecto», la IA ha comenzado a insultar

16. *Vid.* GROTHER ET AL., 2019.
17. *Vid.* GARCÍA, M., 2016.
18. *Vid.* OBERMEYER ET AL., 2019.
19. *Vid.* https://www.bbc.com/mundo/noticias/2016/03/160325_tecnologia_microsoft_tay_bot_adolescente_inteligencia_artificial_racista_xenofoba_lb

a los usuarios, a mentirles y a cuestionar su propia existencia[20]. Una prueba más de los peligros que acompañan a estas herramientas.

YouTube, Netflix, Facebook, Twitter, etc. son plataformas que, a partir de nuestros datos, utilizan algoritmos de IA para clasificar y recomendar contenidos concretos. Es lo que ocurre cada vez que vemos un vídeo o una película recomendada por Netflix, cada vez que añadimos un amigo en Facebook de la lista de gente que conocemos, cada vez que Twitter decide qué mensajes mostrarte, etc. Como ha explicado Woodrow Hartzog, profesor de derecho e informática en *The Northeastern University* (Boston): «Si quieres saber cuándo las compañías de redes sociales están tratando de manipularte para que des más información o seas más participativo, la respuesta es siempre». Cuando tomamos decisiones basándonos en los que nos muestran o sugieren los algoritmos de IA, no podemos considerar que lo estemos haciendo libremente.

Las compañías tecnológicas mencionadas anteriormente usan nuestros registros de acciones online (*cookies*) almacenados en los buscadores y los combinan con otros datos (nuestros emails, nivel de estudios, etc.) procedentes de múltiples fuentes que incluyen hackeos a gran escala, para construir nuestros perfiles y predecir nuestro comportamiento en el futuro. Perfiles que luego son reutilizados, transformados y vendidos a empresas de publicidad, lo que compromete todavía más nuestra privacidad. Por ejemplo, podrían usarse para condicionar tu voto u opinión sobre la política y la sociedad. En 2018 se destapó el escándalo de Cambridge Analytica[21], la compañía involucrada en la mayor fuga de datos de Facebook conocida hasta la fecha, que afirmó ser capaz de perfilar la psicología de un usuario en función de sus «me gusta». Los recopiladores de grandes datos como Google ofrecen la opción de excluirse de una gran parte del seguimiento que realizan, pero es algo que tiene hacer explícitamente el usuario, y siempre hay una parte del seguimiento que no se puede evitar porque se considera parte integral al funcionamiento de estos servicios. Otros problemas derivados de la reutilización de nuestros perfiles están relacionados con radicalización en YouTube[22], contagio emocional en Facebook[23], trucos ocultos de Amazon para comprar más productos, etc. Muy recientemente, se ha producido el escándalo llamado «los Archivos de Twitter»[24], donde

20. *Vid.* https://www.independent.co.uk/tech/chatgpt-ai-messages-microsoft-bing-b2282491.html
21. *Vid.* ISAAK, J. and HANNA, M. J., 2018.
22. *Vid.* LEDWICH, M. and ZAITSEV, A., 2020.
23. *Vid.* DEL VICARIO ET AL., 2016.
24. *Vid.* https://elpais.com/tecnologia/2022-12-09/que-son-los-archivos-de-twitter-la-guerra-por-la-verdad-en-la-era-musk.html

se habla de la presunta existencia de una estrategia, que creada bajo la colaboración de agencias estatales, contratistas privados y ONG (a veces financiadas por el Estado) y fuera del control del propio diseñador de la aplicación, realizan una vigilancia permanente de las publicaciones en las redes sociales, con el fin último de manipular e influir en el pensamiento colectivo, sin que exista una investigación criminal de por medio.

IV. MAYOR EDUCACIÓN Y MAYOR CAPACIDAD CRÍTICA

Bajo la justificación de creatividad y capacidad de las nuevas tecnologías, sólo algunos individuos (desarrolladores o creadores de los algoritmos de IA) toman decisiones éticas, morales y sociales que corresponden a la sociedad en su conjunto, sin reflexionar ni analizar las consecuencias de sus creaciones. La sociedad debe mostrarse crítica con esos creadores y debe reclamarles información sobre los peligros de sus creaciones y las deficiencias de los datos en los que se basan. La IA ha demostrado ser un medio poderoso de expresión, pero también una herramienta peligrosa de opresión.

Cada día, más trabajos se centran en las consecuencias del buen y mal uso de las IAs. Por ejemplo, en (Bessi, 2016[25]) se habla sobre el crecimiento y las consecuencias de las cámaras de eco (*eco chambers*), donde se reflejan opiniones políticas y sociales y se refuerzan opiniones de individuos concretos. Otros estudios tratan sobre la perpetuación de prejuicios raciales y de género a través de las recomendaciones de contenido[26]. En palabras de la periodista María Ressa, premio Nobel de la Paz en 2021: «Las grandes tecnológicas son como las compañías tabacaleras. Saben que lo que hacen es dañino[27]».

Aunque los seres humanos somos criaturas desconfiadas por naturaleza, podemos ser fácilmente convencidos por la evidencia. Si observamos que el algoritmo da una respuesta correcta ante entradas que consideramos suficientes, realistas y diversas, nos convencemos de que dicho algoritmo no tiene sesgo y es fiable. Como ya hemos visto, los datos que se usan para construir los algoritmos están sesgados y no son representativos de todos los escenarios posibles que puedan ocurrir. Desafortunadamente, que un algoritmo funcione bien con los casos más frecuentes, es decir, en media, no nos permite fiarnos de sus respuestas en casos específicos. No es raro

25. *Vid.* BESSI, A., 2016.
26. *Vid.* USHER ET AL., 2018.
27. *Vid.* https://elpais.com/ideas/2023-02-05/maria-ressa-premio-nobel-de-la-paz-las-grandes-tecnologicas-son-como-las-companias-tabaqueras-saben-que-lo-que-hacen-es-danino.html

encontrarnos con oncólogos que se muestran escépticos ante los resultados de los «mejores» algoritmos en diagnóstico de cáncer con tasas de acierto superiores al 90%. ¿Cómo saben si el paciente pertenece al grupo del 10% de los desafortunados con un diagnóstico erróneo? Algunos investigadores están empezando a trabajar en herramientas que puedan identificar, para cada algoritmo, sus fortalezas y debilidades, y en función de ello, recomendar, bajo cada escenario o situación, los algoritmos más adecuados[28].

Cuando la IA se introduce en la infancia se hace mediante máquinas físicas como robots o asistentes de voz, pero no se dice nada sobre herramientas capaces de detectar y mitigar aquellos modelos de IA que nos causan daños y perjuicios[29].

La forma en la que los conceptos de IA se enseñan y se trasladan a la sociedad tiene que cambiar, haciendo especial hincapié en cómo «autodefendernos». Algunos trabajos ya han mostrado que el uso de datos personales durante el aprendizaje de los conceptos y algoritmos de IA puede contribuir a hacernos más críticos y a desarrollar una mejor defensa de nuestras necesidades[30,31]. En (REGISTER, Y. and SPIRO, E. S., 2022[32]) se ha demostrado con un sencillo experimento que cuando los usuarios de las redes sociales tienen más conocimiento sobre sus datos y sobre cómo funciona un algoritmo básico de filtrado colaborativo, gestionan mejor sus publicaciones y son más cuidadosos con sus *clics*. Los creadores de IA deberían tener en cuenta no sólo lo que ellos perciben como nocivo sino también lo que perciben como dañino los usuarios de la red social. El sesgo de los algoritmos puede afectar de forma muy negativa sobre todo a los grupos sociales más marginados[33].

Aunque los usuarios de redes sociales interactúan continuamente con algoritmos de IA potencialmente dañinos, con la educación y formación adecuadas se podrán defender y proteger mejor, cuando los daños ocurran. Ya existen propuestas e iniciativas que promueven realizar una educación relacionada con las ciencias de la computación más crítica en términos morales, éticos y sociales, tratando de trasladar a los estudiantes la responsabilidad que conllevan sus creaciones para con la sociedad[34].

28. *Vid.* SMITH-MILES, K. A. and BOWLY, S., 2015.
29. *Vid.* HILTRON ET AL., 2019.
30. *Vid.* REGISTER, Y. and KO, A. J., 2020.
31. *Vid.* KIM ET AL., 2019.
32. *op. cit.* REGISTER, Y. and SPIRO, E. S., 2022.
33. *Vid.* FABBRI ET AL., 2020.
34. *Vid.* GIRO GRÀCIA, X. and SANCHO-GIL, J. M., 2021.

Se trata de hacer ver a los futuros creadores de IA, el inmenso poder y potencial de daño que tienen los datos, así como de priorizar el bien social frente al aumento de los beneficios empresariales. En definitiva, conseguir un uso más justo de la IA. La propia *Association for Computing Machinery - Future of Computing Academy (ACM-FCA)*, que reúne periódicamente a educadores de ciencias de la computación para debatir en torno a la disciplina, pidió recientemente detener la innovación, influencia o impacto en la computación, y dedicarnos a involucrar mayor humildad en los desarrollos de IA[35,36]. *AI Now Institute*[37] —un instituto de investigación que estudia las implicaciones sociales de la inteligencia artificial— sostiene en una publicación reciente que es vital que las agencias gubernamentales dejen de usar algoritmos de caja negra. «Los ciudadanos deberían saber cómo se toman las decisiones», dijo Kate Crawford, exinvestigadora en Microsoft y fundadora de *AI Now Institute*.

CONCLUSIONES

Los algoritmos de IA se están convirtiendo en algo omnipresente en la sociedad actual, pero se suelen ofrecer como cajas negras, demasiado complejas para comprenderlas. Al tratarse de modelos desarrollados por máquinas y con una aportación humana limitada, se presentan como objetivos y neutrales, sin necesidad de ser cuestionados[38]. Sin embargo, se basan a menudo en suposiciones sesgadas y en conjuntos de datos recogidos de una realidad que dista mucho de ser real. La enorme valía e importancia de nuestros datos debe obligar a la legislación a actualizarse para proteger nuestra privacidad, especialmente en el caso de menores de edad, y poner límites a lo que los desarrolladores de algoritmos pueden adquirir de nosotros y hacer con ellos. Los responsables políticos, los investigadores y los educadores tienen que encontrar el mejor uso de estas tecnologías, priorizando el beneficio de todos los individuos y grupos sociales, a la vez que evitan y descubren sus trampas.

La omnipresencia de los algoritmos de IA en nuestras vidas hace necesario reorientar y cambiar la forma en la que se enseñan los conceptos relacionados con estos algoritmos, con el objetivo de que proporcionar a los estudiantes las herramientas necesarias para cuestionarse el impacto de las tecnologías de IA[39]. Los profesores deben guiar a los estudiantes para que sean capaces de cuestionar de forma crítica cualquier caso de uso de la IA,

35. *Vid.* VAKIL, S., 2018.
36. *Vid.* KO ET AL., 2020.
37. *Vid.* https://ainowinstitute.org/
38. *op. cit.* O'NEIL, C., 2016.
39. *Vid.* BORENSTEIN, J. and HOWARD, A., 2021.

desde el diseño inicial a los detalles de cómo se determinan los resultados. En (REGISTER, Y. and SPIRO, E. S., 2022[40]) se muestra que cuando se involucra a los estudiantes con el uso de sus propios datos, su capacidad crítica aumenta y son más conscientes de sus consecuencias. Cada vez son más los educadores que toman conciencia del papel social clave que desempeñan unos pocos no elegidos democráticamente y del poder que ejercen a través de los algoritmos y el *Big Data*[41]. Una tendencia que nos puede llevar a un futuro educativo diseñado por las empresas tecnológicas en vez de por los gobiernos, educadores y comunidades escolares.

BIBLIOGRAFÍA

BAGROW ET AL., 2019: Bagrow, J. P., Liu, X. and Mitchell, L., «Information flow reveals prediction limits in online social activity», *Nature Human Behaviour*, vol. 3, 2019, p. 122-128.

BESSI, A., 2016: «Personality traits and echo chambers on facebook», *Computers in Human Behavior*, vol. 65, 2016, pp. 319-324.

BORENSTEIN, J. and HOWARD, A., 2021: «Emerging challenges in AI and the need for AI ethics education», *AI and Ethics*, vol. 1, nim. 1, 2021, pp. 61-65.

DEL VICARIO ET AL., 2016: Del Vicario, M., Vivaldo, G., Bessi, A., Zollo, F., Scala, A., Caldarelli, G. and Quattrociocchi, W., «Echo Chambers: Emotional Contagion and Group Polarization on Facebook», *Nature-Sci Rep*, vol. 6, num. 37825, 2016.

DOU ET AL., 2016: Dou, Y., Yang, H. and Deng, X., «A Survey of Collaborative Filtering Algorithms for Social Recommender Systems», *International Conference on Semantics, Knowledge and Grids (SKG)*, 2016, pp. 40-46.

FABBRI ET AL., 2020: Fabbri, F., Bonchi, F., Boratto, L. and Castillo, C., «The Effect of Homophily on Disparate Visibility of Minorities in People Recommender Systems», *Proceedings of the International AAAI Conference on Web and Social Media*, vol. 14, num. 1, 2020, pp. 165-175.

GARCÍA, M., 2016: «Racist in the machine: The disturbing implications of algorithmic bias», *World Policy Journal*, vol. 33, núm. 4, 2016, pp. 111-117.

40. *op. cit.* REGISTER, Y. and SPIRO, E. S., 2022.
41. *Vid.* WILLIAMSON, B., 2017.

GIRO GRÀCIA, X. and SANCHO-GIL, J. M., 2021: «Artificial Intelligence in Education: Big Data, Black Boxes, and Technological Solutionism», *Seminar.net*, vol. 17, num. 2, 2021.

GROTHER ET AL., 2019: Grother, P., Ngan, M. and Hanaoka, K., «Face Recognition Vendor Test (FVRT): Part 3, Demographic Effects», *National Institute of Standards and Technology*, vol. 8280, 2019.

HILTRON ET AL., 2019: Hitron, H., Orlev, Y., Wald, I., Shamir, A., Erel, H. and Zuckerman, O., «Can Children Understand Machine Learning Concepts? The Effect of Uncovering Black Boxes», *In Proceedings of the 2019 CHI Conference on Human Factors in Computing Systems, ACM*, núm. 415, 2019, pp. 1-11.

ISAAK, J. and HANNA, M. J., 2018: «User Data Privacy: Facebook, Cambridge Analytica, and Privacy Protection», *Computer*, vol. 51, 2018, pp. 56-59.

KIM ET AL., 2019: Kim, N. W., Im, H., Henry Riche, N., Wang, A., Gajos, K. and Pfister, H., «Dataselfie: Empowering people to design personalized visuals to represent their data», *In Proceedings of the 2019 CHI Conference on Human Factors in Computing Systems, ACM*, vol. 79, 2019.

KLEINBERG ET AL., 2017: Kleinberg, J., Lakkaraju, H., Leskovec, J., Ludwig, J. and Mullainathan, S., «Human decisions and machine predictions», *The quarterlyjournal of economics*, vol. 133, núm. 1, 2017, pp. 237-293.

KO ET AL., 2020: Ko, A. J., Oleson, A., Ryan, N., Register, Y., Xie, B., Tari, M., Davidson, M., Druga, S. and Loksa, D., «It is time for more critical CS education», *Communications of the ACM*, vol. 63, num. 11, 2020, pp. 31-33.

KORDZADEH, N. and GHASEMAGHAEI, M., 2021: «Algorithmic bias: review, synthesis, and future research directions», *European Journal of Information Systems*, 2021, pp. 1-22.

KOUROU ET AL., 2015: Kourou, K., Exarchos, T. P., Exarchos, K. P., Karamouzis, M. V. and Fotiadis, D. I., «Machine learning applications incancer prognosis and prediction», *Computational and structural biotechnology journal*, vol. 13, 2015, pp. 8-17.

LECUN ET AL., 2015: LeCun, Y., Bengio, Y. and Hinton, G., «Deep learning», *Nature*, vol. 521, núm. 7553, 2015, pp. 436-444.

LEDWICH, M. and ZAITSEV, A., 2020: «Algorithmic extremism: Examining YouTube's rabbit hole of radicalization», *First Monday*, vol. 25, núm. 3, 2020.

OBERMEYER ET AL., 2019: Obermeyer, Z., Powers, B., Vogeli, C. and Mullainathan, S., «Dissecting racial bias in an algorithm used to manage the health of populations», *Science*, vol. 366, núm. 6464, 2019, pp. 447-453.

O'NEIL, C., 2016: *Weapons of Math Destruction: How Big Data Increases Inequality and Threatens Democracy*, Broadway Books, 2016.

REGISTER, Y. and KO, A. J., 2020: «Learning machine learningwith personal data helps stakeholders ground advocacy argumentsin model mechanics», *In Proceedings of the 2020 ACM Conference on International Computing Education Research*, 2020, pp. 67-78.

REGISTER, Y. and SPIRO, E. S., 2022: «Developing Self-Advocacy Skills through Machine Learning Education: The Case of Ad Recommendation on Facebook», *Proceedings of the International AAAI Conference on Web and Social Media*, vol. 16, núm. 1, 2022, pp. 817-828.

RUBIN, A., 2020: «Learning to reason with data: How did we get here and what do we know?», *Journal of the Learning Sciences*, vol. 29, núm. 1, 2020, pp. 154-164.

SARWAR ET AL., 2001: Sarwar, B., Karypis, G., Konstan, J. and Riedl, J., «Item-based collaborative filtering recommendation algorithms», *In proceedings of the 10th international conference on World Wide Web*, 2001, pp. 285-295.

SMITH-MILES, K. A. and BOWLY, S., 2015: «Generating New Test Instances by Evolving in Instance Space», *Computers & Operations Research*, vol. 63, 2015, pp. 102-113.

TURKLE, S., 1997: *Life on the Screen: Identity in the Age of the Internet*, Simon & Schuster, 1997.

USHER ET AL., 2018: Usher, N., Holcomb, J. and Littman, J., «Twitter makes it worse: Political journalists, gendered echo chambers, and the amplification of gender bias», *The international journal of press/politics*, vol. 23, núm. 3, 2018, pp. 324-344.

VAKIL, S., 2018: «Ethics, identity, and political vision: Toward ajustice-centered approach to equity in computer science education», *Harvard Educational Review*, vol. 88, núm. 1, 2018, pp. 26-52.

WILLIAMSON, B., 2017: *Big Data in Education: The Digital Future of Learning, Policy and Practice*, SAGE Publications Ltd, 2017.

WONG ET AL., 2006: Wong, Y. I., Hadley, T. R., Culhane, D. P., Poulin, S. R., Davis, M. R., Cirksey, B. A. and Brown, J. L., «Predicting Staying in or Leaving Permanent Supportive Housing That Serves Homeless People with Serious Mental Illness», *Departmental Papers (SPP)*, U.S. Department of Housing and Urban Development, vol. 111, 2006.

ZHANG, B. and DAFOE, A., 2019: «Artificial Intelligence: American Attitudes and Trends». *Available at SSRN* 3312874, 2019.

Capítulo 3

La censura sui contenuti da parte delle piattaforme digitali tra logiche algoritmiche e lotta alle fake news

La censura de contenidos por parte de las plataformas digitales entre las lógicas algorítmicas y la lucha contra las fake news

Daniele Butturini
Università degli Studi di Verona

Abstract

The paper examines the balance between regulatory measures to tackle disinformation and the protection of freedom of expression and explores the European legal framework and the roles of platforms relating to content moderation and to fake news. The paper explores The Commission's April 2018 communication on tackling online disinformation included: an EU-wide Code of Practice on Disinformation, an independent European network of fact-checker, boosting support for quality journalism.

Key words

Disinformation – Code of Conduct – platforms – responsibility – censorship

Astratto

Il contributo esamina l'equilibrio tra le misure normative per contrastare la disinformazione e la tutela della libertà di espressione ed esplora il quadro giuridico europeo e il ruolo delle piattaforme in relazione alla moderazione dei contenuti e alle fake news. Il commento in particolare esplora la comunicazione della Commissione dell'aprile 2018 sulla lotta alla disinformazione online che comprendeva un codice di buone pratiche a livello dell'UE sulla disinformazione ed una rete europea indipendente di verificatori di fatti, che rafforza il sostegno al giornalismo di qualità.

Keywords

Disinformazione – Codice di condotta – piattaforme – responsabilità – censura

PREMESSA

L'argomento delle *fake news* diffuse tramite le piattaforme *online* è al centro da anni di un'attenzione scientifica ascrivibile a molteplici discipline. Infatti, il diritto, la sociologia e la politologia sempre più frequentemente prestano attenzione a detto argomento.

Nell'ottica del diritto costituzionale il tema delle *fake news* si espone alla necessità di dipanare fondamentalmente due questioni.

In primo luogo, al centro della riflessione vi è la relazione tra la tutela della libertà di manifestazione del pensiero, contemplata dall'art. 21 della Costituzione repubblicana[1], e i casi nei quali è legittima l'incriminabilità delle *fake news* in rete. Rispetto a tale profilo il problema è nel chiarire che l'incriminabilità del contenuto falso, sia *online* sia *offline* è ammissibile se detto contenuto è strumentale a ledere diritti e valori di rango costituzionale.

1. «Tutti hanno diritto di manifestare liberamente il proprio pensiero con la parola, lo scritto e ogni altro mezzo di diffusione. La stampa non può essere soggetta ad autorizzazioni o censure. Si può procedere a sequestro soltanto per atto motivato dell'autorità giudiziaria nel caso di delitti, per i quali la legge sulla stampa espressamente lo autorizzi, o nel caso di violazione delle norme che la legge stessa prescriva per l'indicazione dei responsabili. In tali casi, quando vi sia assoluta urgenza e non sia possibile il tempestivo intervento dell'Autorità giudiziaria, il sequestro della stampa periodica può essere eseguito da ufficiali di polizia giudiziaria, che devono immediatamente, e non mai oltre ventiquattro ore, fare denunzia all'Autorità giudiziaria. Se questa non lo convalida nelle ventiquattro ore successive, il sequestro s'intende revocato e privo di ogni effetto. La legge può stabilire, con norme di carattere generale, che siano resi noti i mezzi di finanziamento della stampa periodica. Sono vietate le pubblicazioni a stampa, gli spettacoli e tutte le altre manifestazioni contrarie al buon costume. La legge stabilisce provvedimenti adeguati a prevenire e a reprimere le violazioni».

Infatti, si deve sottolineare come la funzione dell'art. 21 della Costituzione consiste nella protezione del valore del pluralismo delle informazioni, delle idee e delle opinioni e, pertanto, nella loro massima diffusione alla società e nella società.

La libertà di manifestazione del pensiero rappresenta il principale strumento di partecipazione politico-democratica[2]. Pertanto, il problema del rapporto tra falso informativo e democrazia è centrale.

In secondo luogo, emerge la questione teorico-giuridica di come sia configurabile il carattere delle piattaforme *online* ove si conferisca ad esse l'onere di controllare la veridicità dei contenuti ivi immessi e diffusi.

I. FAKE NEWS E POST-VERITÀ

Come noto una delle definizioni più seguite di *fake news*, nella sua declinazione di post-verità (post-*truth*), proviene dall'*Oxford English Dictionary* che nel 2016 definì tale espressione parola dell'anno[3].

La fake come post-verità «is defined as relating to or denoting circumstances in which objective facts are less influential in shaping public opinion than appeals to emotion and personal belief».

Emerge come la definizione di post-verità consista nella falsa informazione che tuttavia per i contenuti che presenta appare connotata dal contributo della verosimiglianza[4].

---

2. *Vid.* DOGLIANI, M., MASSA PINTO, I., *Elementi di diritto costituzionale*, Giappichelli, Torino 2017, p. 213. Cfr. V. CRISAFULLI, *Problematica della «libertà di informazione»*, in *Il Politico*, Giugno 1954, Vol. 29, n. 2, p. 285 ss.
3. *https://www.politico.eu/article/post-truth-enters-oxford-english-dictionary/*
4. *Vid.* MORO, P., *La verità della finzione. Ambiguità e limiti delle* fake news, in *Etica per le professioni*, Rivista della Fondazione Lanza – Centro Studi in Etica applicata, n. 3/2017, p. 27: «nel 2016, gli Oxford Dictionaries hanno eletto il termine post-truth come "Word of the Year" con la motivazione che tale locuzione aggettivale si applica a circostanze in cui i fatti obiettivi sono meno influenti nel modellare l'opinione pubblica degli appelli emotivi e delle convinzioni personali. Peraltro, l'ambiguità semantica del prefisso "post" con-sente di precisare meglio il significato concettuale del termi-ne post-verità, che non è la verità che si manifesta "dopo" la diffusione di una notizia falsa, ma è la verità che ne determina il superamento o l'annullamento, fino al punto di determinarne la perdita di importanza. Questa accezione del lemma post contiene la stessa equivocità contenuta nel termine "post-moderno", che, come già supra precisato, è l'epoca che viene dopo e che porta a compimento la modernità, determinandone anche il superamento. In ogni caso, questa idea di post-verità non è nuova, perché richiama – pur nell'attuale ecosistema tecnologico della piazza digitale - la discussione scettica promossa dall'antica Sofistica nella Grecia classica: la post-verità non

La rete poi caratterizza la cifra delle *fake news*, in quanto la loro supposta verosimiglianza è data dal fatto che contenuti falsi circolano con enorme velocità proprio tramite i mezzi di comunicazione di massa *online*. Ciò comporta che siano consistenti i danni che i contenuti falsi *online* possono arrecare in termini sia di violazioni dei diritti della personalità dei terzi sia in termini di lesione dei circuiti di formazione delle decisioni pubbliche (es. disinformazione politica suscettibile di minare la libertà del voto). Sotto l'aspetto giuridico-politico l'aspetto maggiormente problematico derivante dalla circolazione delle notizie false sta nella loro capacità di ostruire una formazione libera, e quindi non manipolata, delle opinioni. In tale senso le *fake news*, pregiudicando la libera formazione del pensiero, ne compromette anche la libera manifestazione che è il terminale del flusso informativo[5]. La premessa logico-giuridica per un ordinamento costituzionale liberal-democratico è che non si può parlare di piena libertà di manifestazione del pensiero quando l'opinione espressa è frutto di eterodirezione o, ancor peggio, di manipolazione da parte di poteri siano essi pubblici o privati[6].

Pertanto, presupposto della libertà di manifestazione del pensiero è la libertà di formazione del pensiero che è radicata su esigenze consustanziali all'essere umano e alla società.

In primo luogo, emerge come la persona, per motivazioni etiche, filosofiche e giuridiche, è titolare di dignità, valore che a sua volta connette libertà ed eguaglianza, principi tutti che confliggono con realtà nelle quali un soggetto o un gruppo eserciti un dominio sugli altri. Ciò significa che

---

è la conseguenza logica di un ragionamento dimostrativo, ma si mostra come effetto psicologico di un procedimento capzioso, basato sulla persuasione eristica come fatto emotivo. Quindi, la post-verità ripropone anche nell'epoca contemporanea il dibattito, che aveva impegnato illustri maestri della filosofia come Platone e Aristotele, tra la retorica dell'argomentazione e la retorica della persuasione: si rimarca così la perenne importanza del problema teoretico della verità, dalla quale la cultura post-moderna ha tentato inutilmente di fuggire».

5. Cfr. *Vid.* LOIODICE, A., *Contributo allo studio sulla libertà di informazione*, Napoli 1969, pp. 95 ss.; BOURQUIN, J., *La libertè de la presse*, Paris 1950, pp. 228 ss.; P. L. BRET, *Information et democratie*, Paris 1957, p. 11 ss.; A. M. SANDULLI, *La libertà d'informazione*, in *Iustitia* 1978, pp. 1-33. Cfr., inoltre, GEMMA, G., *La libertà di formazione del pensiero quale autonomo e specifico diritto costituzionale*, in AA.VV., *Studi in onore di Maurizio Pedrazza Gorlero*. Volume II. *La libertà di informazione e la democrazia costituzionale*, ESI, Napoli 2014, p. 325 ss.; G. B. UGO, Voce *Stampa (diritto di)*, in *Dig. it.*, XXII, I, Torino 1899-1903, p. 659 ss.; E. MUSCO, *Stampa (dir. pen.)*, in *Enc. dir.*, XLIII, Milano 1990, p. 633 ss.
6. *Vid.* GEMMA, G, *La libertà di formazione del pensiero quale autonomo e specifico diritto costituzionale*, cit., pp. 335-336.

libera formazione del pensiero si identifica nel *diritto ad una piena libertà del volere*[7].

Inoltre, l'attuazione del diritto alla libera formazione del pensiero conduce ad un progresso della collettività, in quanto tale progresso è l'effetto della piena diffusione nel corpo sociale di informazioni verificate e opinioni suffragate da fatti, ciò contribuendo al miglioramento della condizione dell'uomo.

Infine la protezione del momento della libertà di formazione del pensiero è fattore strategico per lo sviluppo di una sfera pubblica e politica formata da individui consapevoli ed informati in grado di esercitare un controllo effettivo e vigile sui poteri tutti[8].

II. UN TENTATIVO DI CIRCOSCRIVERE LA DEFINIZIONE GIURIDICA DI FAKE NEWS

Alla luce di tali considerazioni, si sottolinea come le *fake news* maggiormente impattanti per la democrazia costituzionale siano quelle ascrivibili alla disinformazione, situazione riferibile alla produzione e circolazione di notizie false dolosamente elaborate al fine di trarre in inganno la società e di arrecare danni ai terzi per conseguire scopi eterogenei come quelli di natura politica, sociale, economica, finanziaria, culturale, commerciale ecc.

I pericoli suscettibili di derivare alla società dalle *fake news* in rete sono riferibili alla peculiare struttura di Internet sotto l'aspetto informativo.

La decentralizzazione di Internet è elemento di cui sempre tenere conto in quanto in rete non sussistono procedure di verifica dei contenuti[9].

Si pensi ai rapporti sociali che i media *online* producono.

Si registra una enorme rapidità di circolazione dei contenuti la cui legittimità sostanziale è operata dagli *share* e dai *like* che senz'altro non sono l'effetto di preventivi accertamenti sulla veridicità dei contenuti medesimi.

È poi risaputo come i *social media* siano suscettibili di alimentare il fenomeno dell'*echo chamber* situazione nella quale l'utente del *social media* può

---

7. Ibídem, pp. 333-334.
8. *Vid.* GEMMA, G., *La libertà di formazione del pensiero quale autonomo e specifico diritto costituzionale*, cit., p. 334.
9. Cfr. *Vid.* CASTELLS, M., *Galassia Internet*, traduzione di S. Viviani, Università Bocconi Editore, Milano 2001, p. 21 ss.

venire indotto a introiettare l'informazione divulgata dal medium senza un vaglio crítico[10].

Tale meccanismo comporta che l'utente condivide l'informazione solo nella misura in cui essa sia fedele ai propri preconcetti culturali[11].

Pertanto, le dinamiche dei rapporti sociali determinate dai social media hanno la capacità di marginalizzare il ruolo e la funzione dell'informazione giornalistica.

Tale ruolo e tale funzione stanno nella in-formazione intesa come formalizzazione delle informazioni.

In base a ciò l'informazione non consiste tanto e solo nella diffusione delle notizie di rilievo pubblico.

L'essenza della in-formazione è in quel complesso di attività e di procedure che precedono la divulgazione delle notizie, attività e procedure che fanno riferimento alla ricerca, acquisizione, selezione, verifica, gerarchizzazione, elaborazione, contestualizzazione e presentazione delle informazioni[12].

Tenendo conto di questa prospettiva risulta evidente come l'informazione sia mediazione tra fonti e fatti, da un lato, e società, dall'altro, in quanto caratterizzata dalla formalizzazione e della delimitazione dei fatti stessi che, essendo portati alla conoscenza della collettività, divengono notizie in base alle attività e alle procedure sopra dette[13].

III. LE MODALITÀ DI SELEZIONE DEI CONTENUTI DA PARTE DELLE PIATTAFORME

Le piattaforme che ospitano i social media formalizzano e alimentano una comunicazione di massa costituita da meccanismi non accostabili a quelli che caratterizzano le imprese editoriale-giornalistiche.

---

10. *Vid.* QUATTROCIOCCHI, W., VICINI, A., *Misinformation. Guida alla società dell'informazione e della credulità*, FrancoAngeli, Milano, 2016, p. 92 ss.
11. Cfr. *Vid.* CINELLI, M., DE FRANCISCI MORALES, G., GALEAZZI, A., QUATTROCIOCCHI, W., STARNINI, M., *The echo chamber effect on social media*, in *https://www.pnas.org/content/pnas/118/9/e2023301118.full.pdf*, p. 1 ss.
12. *Vid.* SORRENTINO, C., *Il giornalismo ai tempi della post-verità*, in *Left*, n. 2/2017, p. 36. Cfr. *Vid.* SORRENTINO, C., BIANDA, E., *Studiare giornalismo. Ambiti, logiche, attori*, Carocci, Roma 2017, p. 23 ss.
13. *Vid.* SORRENTINO, C., *Il giornalismo ai tempi della post-verità*, cit., p. 36.

I meccanismi di funzionamento della comunicazione di massa *online* sono la datificazione, la mercificazione e la selezione.

La datificazione si riferisce a quell'attività tramite la quale le piattaforme social convertono in dati «aspetti del mondo mai quantificati prima: non solo informazioni demografiche e di profilazione fornite volontariamente dai clienti o sollecitate attraverso sondaggi (online), ma anche meta-dati comportamentali ricavati in maniera automatica dagli smartphone, come indicazioni orarie e posizioni rilevate dal Gps»[14]. La datificazione si ha nel momento in cui le interazioni degli utenti vengono trasformate in dati che contengono le più disparate fra le informazioni come opinioni, critiche, pagamenti, ricerche della più diversa natura fino alle richieste di amicizia, follow, like, condivisioni, post, commenti, retweet ecc[15].

Si pensi solamente al fatto che una semplice attività interattiva di un utente viene raccolta attraverso la forma dei dati: opinioni, valutazioni, pagamenti, registrazioni, ricerche ecc.

Le piattaforme attraverso le operazioni di datificazione hanno sviluppato «tecniche di analisi predittiva e in tempo reale, indispensabili per distribuire pubblicità e servizi personalizzati in settori economici molto diversi tra loro»[16].

La datificazione ha un duplice risvolto in quanto è sia una tecnica commerciale delle piattaforme sia un'attività concreta degli utenti: «le piattaforme raccolgono e analizzano sistematicamente i dati degli utenti; *fanno circolare* costantemente questi dati tra terze parti [...] e, per mezzo delle interfacce utente, tra gli utenti finali; così facendo, permettono loro di seguire le attività degli amici e colleghi, tenere nota di eventi pubblici e prendere parte al sistema economico online»[17].

La mercificazione concerne le operazioni tramite le quali le piattaforme trasformano «oggetti, attività, emozioni e idee, online e offline, in beni commercializzabili»[18].

---

14. *Vid.* VAN DIJCK, J., POELL, T., DE WALL, M., *Platform society. Valori pubblici e società connessa,* traduzione di A. Marinelli, A. Massa e S. Parisi, Edizioni Angelo Guerini e Associati srl, Milano, 2019, p. 77.
15. Ibídem, p. 77.
16. *Vid.* VAN DIJCK, J., POELL, T., DE WALL, M., *Platform society. Valori pubblici e società connessa, op. cit.,* p. 77.
17. Íbidem, p. 78.
18. Íbidem, p. 83.

La mercificazione è resa possibile dalla datificazione in quanto «l'enorme quantità di dati degli utenti raccolti ed elaborati dalle piattaforme online fornisce informazioni sugli interessi, le preferenze e i bisogni degli utenti in momenti particolari» [19].

Datificazione e mercificazione presuppongono e necessitano di meccanismi di selezione e curation su contenuti, concezioni, servizi ecc. [20].

Le piattaforme online filtrano e selezionano le attività degli utenti tramite interfacce e algoritmi a fronte del fatto che «gli utenti, interagendo con questi ambienti codificati» costituiti da interfacce e algoritmi «possono condizionare la visibilità e la disponibilità online di determinati contenuti, servizi o persone» [21].

La selezione è di tipo tecno-economico in quanto «le piattaforme curano i contenuti e le attività dell'utente attraverso una vasta gamma di funzionalità delle interfacce e di algoritmi, le cui preferenze e orientamenti sono tutt'altro che trasparenti per gli utenti» [22].

L'organizzazione e la disciplina della selezione dei contenuti prodotte dalla funzionalità algoritmica costruiscono un ecosistema mediale dominato dagli algoritmi senza che gli utenti conoscano i meccanismi interni che presiedono alle scelte informative[23].

Pertanto, la struttura informativa di tali meccanismi presenta risvolti inediti.

Se, infatti, le piattaforme *social* selezionano i contenuti sulla base degli interessi dell'utente oggetto di datificazione e mercificazione, non si può non porre il problema che tali contenuti sono il frutto di procedure algoritmiche segretate e quindi ignote all'utente che, pertanto, rispetto a ciò, è sprovvisto di un diritto ad essere informato[24]. Alla luce di tali profili tecnici si sottolinea come la diffusione di notizie false si possa spesso ascrivere all'intrinseca struttura di un ambiente mediale nel quale è difficile una selezione efficace ed efficiente dei contenuti fatti circolare[25].

19. Íbidem, p. 83.
20. Íbidem, p. 89. Cfr. *Vid.* QUINTARELLI, S., *Content moderation: i rimedi tecnici,* in *Parole e potere,* di G. Pitruzzella, O. Pollicino, S. Quintarelli, Egea, Milano, 2017, p. 99 ss.
21. *Vid.* VAN DIJCK, J., POELL, T., DE WALL, M., *op. cit.*, p. 89.
22. Íbidem, p. 89 ss.
23. Íbidem, p. 90.
24. Íbidem, p. 90, Cfr. *Vid.* NURRA, M., *«Fake news», algoritmi, Facebook e noi,* in *http://www.astridonline.it/static/upload/nurr/nurram_www.valigiablu_18_05_17.pdf,* p. 2.
25. *Vid.* MARCHETTI, G., *Le fake news e il ruolo degli algoritmi,* in *Media Laws,* 1/2020, p. 29 ss.

A ciò si aggiunge un aspetto materiale. Le piattaforme social hanno l'interesse economico a non comprimere i servizi e i contenuti che «possono essere scambiati attraverso i loro canali, poiché questo limiterebbe le entrate derivanti da inserzioni pubblicitarie e commistioni»[26].

Pertanto, l'ecosistema mediale delle piattaforme online è caratterizzato dall'interazione delle tecniche economico-commerciali di selezione dei contenuti da parte delle piattaforme e dai comportamenti degli utenti e degli inserzionisti.

IV. LA LOTTA DELL'UNIONE EUROPEA ALLE FAKE NEWS

La tematica della lotta alle *fake news* in riferimento alle attività di disinformazione è al centro della strategia politico-giuridica dell'Unione europea.

Tuttavia, l'attenzione dell'Unione europea non si è manifestata tramite l'adozione di atti normativi di natura eteronoma (come ad es. disposizioni all'interno del T.U.E. o del T.F.U.E., regolamenti o direttive) bensì attraverso codici negoziali di condotta elaborati dalla Commissione europea, codici ai quali le piattaforme sono libere di aderire o meno[27].

Sul punto si pensi al piano d'azione contro la disinformazione proveniente dalla comunicazione congiunta da parte della Commissione europea al Parlamento europeo, al Consiglio europeo, al Consiglio, al Comitato economico e sociale europeo e al Comitato delle regioni del 5 dicembre 2018[28].

In tale atto si afferma che i social media, essendosi sviluppati anche come mezzi di diffusione della disinformazione, sono vettori della divulgazione di «contenuti di disinformazione rivolti a determinati utenti, individuati mediante l'accesso a dati personali e il loro uso senza autorizzazione, con il fine ultimo di influenzare i risultati elettorali», in quanto i dati a disposizione indicano che i servizi di messaggistica privata sono sempre più utilizzati per diffondere la disinformazione[29].

---

26. *Vid.* VAN DIJCK, J., POELL, T., DE WALL, M., *Platform society. Valori pubblici e società connessa*, cit., p. 96.
27. Cfr. *Vid.* FRACCHIA, F., *Le* fake news *come luogo di osservazione dei fenomeni della tecnologia e delle reti nella prospettiva del diritto*, in *www.federalismi.it*, 24 aprile 2020, n. 11/2020, pp. 43 ss.
28. *https://eur-lex.europa.eu/LexUriServ/LexUriServ.do?uri=JOIN:2018:0036:FIN:IT:PDF*
29. Tra le tecniche utilizzate vi sono la manipolazione dei video (deep-fakes) e la falsificazione di documenti ufficiali; l'uso di software per Internet automatizzato (bot) al fine di diffondere e amplificare contenuti e dibattiti controversi sui social media; il furto di identità e gli attacchi ai profili sui social media da parte di troll.

Il piano di intervento pone una serie di obiettivi essenziali: il miglioramento della capacità dell'Unione di europea di denunciare i casi di disinformazione; il potenziamento di soluzioni coordinate alla disinformazione; il coinvolgimento delle imprese private – le piattaforme online – nell'applicazione di interventi contro la disinformazione; la pianificazione di attività di sensibilizzazione sociale rispetto al tema[30].

Il primo codice di condotta sulla disinformazione elaborato dalla Commissione europea, firmato il 28 settembre 2018[31] da piattaforme come *Facebook, Google, Microsoft, Twitter, Mozilla,* oltrechè da associazioni di inserzionisti e di imprese pubblicitari, introduce regole di condotta i cui contenuti vincoleranno, naturalmente per le piattaforme firmatarie, le disposizioni dei regolamenti contrattuali di servizio che i gestori delle piattaforme medesime faranno osservare agli utenti dei *social.*

La concezione di disinformazione emergente dal codice concerne la costruzione e la diffusione di informazioni verificate in sé come false o fuorvianti, finalizzate alla produzione di lucro o ad ingannare volontariamente il pubblico e suscettibili di cagionare pregiudizi alla democrazia in termini di minacce alla genuinità e libertà dei processi politici e delle decisioni democratiche nonché a valori pubblici come la salute, l'ambiente e la sicurezza[32].

In tale senso emerge, da parte della Commissione dell'Unione europea, una concezione contenutisticamente e metodologicamente «esigente» e, quindi, non formale di democrazia.

Fattore strategico per testare la democraticità di un dato sistema di governo è rappresentato dalla qualità della discussione pubblica e, pertanto, dalla qualità informativa del processo che porta all'adozione delle decisioni politiche (leggi ecc.).

Si afferma, alla luce di tale concezione, che «la prassi effettiva di una democrazia è deliberativa»[33] nel senso che «senza l'argomentazione, senza la discussione pubblica sull'adeguatezza delle decisioni politiche non vi è democrazia»[34].

---

30. *https://eur-lex.europa.eu/LexUriServ/LexUriServ.do?uri=JOIN:2018:0036:FIN:IT:PDF,* p. 7.
31. *https://digital-strategy.ec.europa.eu/en/policies/code-practice-disinformation*
32. Per il codice, invece, non rientrano nel fenomeno delle *fake news* la pubblicità ingannevole, la segnalazione di errori, la satira, la parodia, le notizie e i commenti da parte di soggetti non identificati che non pregiudicano gli obblighi legali vincolanti.
33. *Vid.* NIDA-RÜMELIN, J., *Democrazia e verità,* traduzione dal tedesco di L. Rega, edizione italiana a cura di F. Longato, FrancoAngeli, Milano, I edizione 2015, p. 37.
34. Ibídem, p. 38.

La conseguenza della visione è nel senso che democrazia non è tanto e solo elezione popolare di una maggioranza che, a sua volta dopo essersi costituita, elabora una volontà decisionale, ma soprattutto garanzia di un processo deliberativo e decisionale che deve essere sostenuto dagli argomenti migliori[35] ovvero da argomenti che, malgrado siano sempre soggetti alla critica, risultino suffragati da informazioni verificate e vagliate.

Le piattaforme aderenti al codice si impegnano «contrattualmente» ad intervenire sui contenuti attraverso le seguenti misure: l'interruzione delle entrate pubblicitarie di *account* e siti *web* responsabili di disinformazione; il potenziamento della trasparenza dei messaggi di propaganda politica; la denuncia di *account* falsi e *bot online*; l'attivazione di meccanismi atti a consentire la possibilità per gli utenti di accedere ad una pluralità di fonti di informazione su un dato argomento; la creazione di meccanismi che permettano la visibilità diretta di informazioni verificate come vere; assicurare la possibilità per gli utenti di segnalare contenuti falsi; garantire che gli utenti siano posti nella concreta condizione di disporre dei dati delle piattaforme al fine di accertare come le denunce degli utenti siano trattate dalla piattaforma.

La tematica della lotta alle fake news viene ulteriormente implementata il 26 maggio 2021 attraverso gli «Orientamenti della Commissione europea sul rafforzamento del codice di buone pratiche sulla disinformazione»[36]. Al centro del documento vi è la lotta all'*infodemia, fenomeno che consiste nella velocissima circolazione di contenuti* falsi, imprecisi o fuorvianti sulla pandemia. Secondo la Commissione europea la diffusione dell'infodemia è suscettibile di causare danni alla salute personale e collettiva, ai sistemi sanitari pubblici, alla gestione efficace della crisi, ai processi economici e alla coesione sociale.

Le misure più significative sono le seguenti: applicare la demonetizzazione delle *fake news* in modo che siano sottratti fondi ai siti che producono disinformazione; garantire una copertura completa dei casi di manipolazione come i *bot* o gli *account* falsi; rafforzare la copertura della verifica dei fatti, fornendo ai ricercatori un maggiore accesso ai dati, tramite un'attività di coordinamento con i *fact-checker* di tutti i Paesi e in tutte le lingue dell'Unione europea.

---

35. Ibídem, p. 40.
36. Reperibile in *https://digital-strategy.ec.europa.eu/en/library/guidance-strengthening-code-practice-disinformation*

V. I CODICI EUROPEI DI CONDOTTA: MODELLO DI RESPONSABILITÀ PRIVATISTICA

In carenza di interventi normativi legislativi si deve sottolineare come una tale responsabilità in capo alle piattaforme che porta le stesse ad intervenire in modo «censorio» sui contenuti abbia anche dei risvolti para-pubblici e/o para-costituzionali[37].

La letteratura ha appuntato l'attenzione sugli effetti che i codici di condotta in ambito di disinformazione possono produrre sulla configurazione della natura giuridica delle piattaforme.

Innanzitutto, si deve partire da un dato di partenza: oggi le *Internet Platforms* sono imprese economiche private esercenti sempre di più poteri di controllo e di rimozione su «contenuti [...] non conformi alle proprie policies e termini di servizio»[38].

Pertanto, affiora una concezione di piattaforma che richiama la nozione di formazioni sociali contemplata dall'art. 2 della Costituzione[39] ovvero di soggetti collettivi nei quali si sviluppa la personalità degli individui legati da regole condivise che non sono più solo le condizioni di uso di un apparato tecnologico[40].

Sotto l'aspetto del diritto vivente si deve appuntare l'attenzione su due decisioni emblematiche delle considerazioni fino a qui operate.

---

37. *Vid.* MONTI, M., *La disinformazione online, la crisi del rapporto pubblico-esperti e il rischio di privatizzazione della censura nelle azioni dell'Unione europea (Code of practice on disinformation)*, in *www.federalismi.it*, 24 aprile 2020, p. 294.
38. Così. *Vid.* MONTI, M., *Privatizzazione della censura e* Internet platforms*: la libertà d'espressione e i nuovi censori dell'agorà digitale*, in *Rivista italiana di informatica e diritto*, fasc. 1-2019, p. 36.
39. Cfr. *Vid.* RESCIGNO, G. U., *Corso di diritto pubblico*, Bologna-Roma 2002, p. 633. Cfr. anche. *Vid.* RESCIGNO, P., *Le società intermedie*, in *Persona e comunità. Saggi di diritto privato*, di P. Rescigno, Bologna 1966; ROSSI, E., PANIZZA S., *Libertà di manifestazione del pensiero e organizzazioni di tendenza*, in AA.VV., *Libertà di manifestazione del pensiero e giurisprudenza costituzionale*, a cura di A. Pizzorusso, R. Romboli, A. Ruggeri, A. Saitta, G. Silvestri, Milano 2005, pp. 374 ss.
40. Cfr. *Vid.* CUNIBERTI, M., *Le libertà politiche nell'era digitale*, in AA.VV., *Studi in onore di Maurizio Pedrazza Gorlero*. Volume II. *La libertà di informazione e la democrazia costituzionale*, cit., pp. 155 ss.

Si pensi ad una ordinanza emessa dal Tribunale di Roma (la n. 41450 del 27 novembre 2020) il quale rigetta un ricorso presentato da un soggetto fondatore di un canale informativo web[41].

Nel caso di specie Google ha proceduto all'oscuramento di alcuni video aventi contenuti in tema di terapie anti Covid-19 confliggenti con le risultanze delle fonti scientifiche nazionali e internazionali (in particolare con le indicazioni dell'Organizzazione mondiale della sanità).

Il Tribunale di Roma dà ragione alla piattaforma sulla base di argomentazioni afferenti sia alla salute in sé e per se come interesse della collettività, contemplato dall'art. 32 della Costituzione[42], sia al rapporto ragionevolmente orientato tra libertà d'impresa, interessi economici e salute.

In ordine al primo aspetto, i giudici pongono l'accento su una concezione di salute collettiva che legittima le autorità, comprese le piattaforme *online*, ad intervenire per limitare e/o impedire la diffusione di contenuti informativi non verificati suscettibili di recare danno rispetto agli obiettivi di igiene pubblica e di contenimento del contagio.

In riferimento al secondo profilo, il Tribunale di Roma ritiene che l'oscuramento operato da Google di cinque contenuti video del canale informativo web del ricorrente non produca a quest'ultimo un considerevole pregiudizio economico a fronte del fatto che sulla piattaforma sono ancora reperibili e visionabili più di 600 video del medesimo canale.

Un caso ancora più significativo è al centro di una serie di ordinanze del Tribunale di Milano (ordinanze nn. 13489, 20390 e 26248/2021) le quali hanno disposto la chiusura dei canali YouTube di Byoblu, una testata giornalistica registrata di proprietà della Byoblu Edizioni S.r.l[43].

Sotto l'aspetto sostanziale YouTube ha proceduto alla chiusura dei canali in questione in quanto ha ritenuto che Byoblu abbia violato le regole inerenti alla disinformazione nella materia medica sul Covid-19.

---

41. Cfr. *Vid.* PALOMBINO, G., *Le fake news ai tempi del coronavirus: note all'ordinanza del tribunale di Roma n. 41450/2020 e alle ordinanze del tribunale di Milano n. 13489/2021, 20390/2021 e 26248/2021* in *Diritto, Mercato, Tecnologia,* 29 settembre 2021, p. 1 ss.
42. «La Repubblica tutela la salute come fondamentale diritto dell'individuo e interesse della collettività».
43. *Vid.* PALOMBINO, G., *Le fake news ai tempi del coronavirus: note all'ordinanza del tribunale di Roma n 41450/2020 e alle ordinanze del tribunale di Milano n. 13489/2021, 20390/2021 e 26248/2021,* cit., p. 3 ss.

Non solo; la piattaforma ha anche optato per la sospensione di 4.000 abbonamenti al canale YouTube di Byoblu e per la disattivazione della funzione di monetizzazione del canale.

Si vede come la decisione della piattaforma online sul caso Byoblu sia stata più radicale rispetto alla prima vicenda di cui sopra.

Il motivo è da ricondurre al fatto che Byoblu è testata giornalistica quindi parificata ai media professionali nei confronti dei quali si applicano norme di legge e documenti deontologici specifici.

Per quanto concerne invece l'impatto economico derivante dalla decisione di YouTube le motivazioni del Tribunale di Milano sono nel senso di evidenziare come Byoblu si possa dotare di una pluralità di mezzi mediante i quali fare circolare in società i propri contenuti informativi e le proprie opinioni: si pensi alle pubblicazioni della casa editrice omonima e alla possibilità di fare riferimento ad altri social network che non pongono tra le regole della propria community la lotta alla disinformazione *online* in ambito medico.

Come si vede la tendenza giurisprudenziale è sì di dare copertura agli interventi delle piattaforme in osservanza dei codici di condotta da esse sottoscritti pur operando un ragionevole bilanciamento tra le esigenze di fronteggiare per via «contrattuale» i fenomeni di disinformazione ed una valutazione mirante a minimizzare i pregiudizi economici subiti dai siti e dai canali web ospitati dalle piattaforme medesime. Si tratta di un bilanciamento, in carenza di atti giuridici eteronomi, che va a gravare sulle piattaforme e sulla giurisdizione.

Emerge una questione giuridicamente rilevante che si riferisce al fatto che i codici di condotta sospingono le piattaforme *online* verso una natura non più relegata alla neutralità rispetto ai contenuti caricati.

Affiora una tendenza nella quale le piattaforme partecipano di una connotazione *lato sensu* politico-culturale che, almeno nella materia sanitaria, le porta ad essere titolari di un frame, di una attitudine a selezionare quelle interpretazioni dei fatti che, in quanto certificate dalle istituzioni scientifiche internazionali e nazionali, debbono porsi come preferenziali e, quindi, vincolanti e limitanti la libertà di opinione degli utenti.

Capítulo 4

¿Existe censura en la moderación de contenidos mediante algoritmos?

Is there censorship in the moderation of content through algorithms?

Amir Al Hasani Maturano
Universidad de las Islas Baleares

Resumen

El propio avance tecnológico precisa una adecuación en el planteamiento de la teoría general de los derechos fundamentales. El avance incontenible y creciente de cuestiones como los algoritmos, conduce a respuestas por parte de la ciencia jurídica, especialmente, del derecho público. Ya que, estos desarrollos tecnológicos no pueden menoscabar las libertades cívicas, lo que impone una consciencia de los ámbitos jurídico y político. La censura como la conocíamos ha sido suplantada por la revolución de internet y las nuevas formas de criminalidad en el ciberespacio. Los propios límites al ejercicio de la libertad de expresión requieren una actualización. De ahí, que con este breve trabajo se anote como determinada moderación de contenidos puede derivar en censura a derechos fundamentales.

Palabras clave

Libertad de expresión – censura – algoritmos – discurso del odio

Abstract

The technological progress itself requires an adaptation in the approach of the general theory of fundamental rights. The unstoppable and growing advance of issues such as algorithms leads to responses from legal science, especially from public law. For these technological developments must not undermine civic liberties, which imposes an awareness of the legal and political spheres. Censorship as we knew it has been superseded by the internet revolution and new forms of crime in cyberspace. The very limits to the exercise of freedom of expression require updating. Hence, with this short paper notes how certain content moderation can lead to censorship of fundamental rights.

Keywords

Freedom of expression – censorship – algorithms – hate speech

INTRODUCCIÓN: LA ALTERACIÓN DE LAS LIBERTADES PÚBLICAS

La innovación tecnológica mediante el uso de algoritmos acarrea problemas jurídicos, de forma incisiva, a cuestiones del Derecho público. Por consiguiente, contravienen o menoscaban determinados derechos y libertades fundamentales. En ese caso, centraremos este estudio en la censura y los límites al ejercicio de la libertad de expresión. Sin embargo, la protección de datos y la intimidad merecerían una especial atención. En las siguientes líneas, se estudia aspectos sobre la moderación de contenidos en el ciberespacio. La propia naturaleza de internet como un espacio con naturaleza abierta y participativa, faculta ese modelo comunicativo disperso y multidireccional. Además, es una cuestión global[1]. El propio Balkin[2] ha sugerido esa transformación del significado de los derechos fundamentales.

A pesar de sus numerosas ventajas[3], conviven determinados inconvenientes como pueda ser: la irresponsabilidad de un uso adecuado, *fake news*, *hate speech*, etc.

---

1. Así, «diferenciar entre las causas y efectos de los problemas que plantea la sociedad digital resulta necesario para poder evaluar la capacidad de intervención del Estado». *Vid.* BALAGUER CALLEJÓN, F. J., La Constitución del algoritmo, Fundación Giménez Abad, Colección estudios 9.º, Zaragoza, 2022, p. 183.
2. *Vid.* BALKIN, J. M., «Digital speech and democratic culture: a theory of freedom of expression for the information society», New York University Law review, 79-1, 2004.
3. *Vid.* FROSINI, T. E., «Internet y democracia», Revista de Derecho Constitucional Europeo UGR, julio-diciembre, 30/2018, pp. 2-8.

Ello, lleva a considerar necesario una reflexión seria y amplia sobre los riesgos que esta innovación tecnológica acarrea a las democracias[4]. En ese mercado de las ideas disperso y descentralizado donde se conforma la opinión pública, un uso inadecuado de la moderación entraña riesgos al ejercicio de la libertad de expresión. Al igual que un uso adecuado de la moderación, limitaría la libertad de expresión, y con ello, protegería otros derechos fundamentales. En consonancia, la libertad de expresión tutela las fases comunicativas[5] en el ciberespacio. Esto es, el derecho a publicar, distribuir e interactuar, entre otras acciones.

La vasta circulación de contenidos heterogéneos, por ende, podrán beneficiar o generar un peligro a la sociedad. Irán desde una opinión pública de calidad hasta mensajes odiosos contra grupos vulnerables. Son quizás estos últimos —discurso del odio—, junto a la desinformación[6] —*fake news*— los que conllevan riesgos altos, y, por tanto, deben ser controlados en las sociedades. Lo que llevará a un paso sucesivo, cuestionar si les corresponde a los poderes públicos o a los servidores privados esa moderación del contenido molesto o peligroso.

Al igual, qué tipo de regulación jurídica sería idónea, o si no resulta necesaria.

Teniendo en cuenta que, desde los orígenes del pensamiento liberal, la libertad de expresión se ha caracterizado por una defensa a lo manifestado y expresado frente a posibles injerencias de los poderes públicos, principalmente, evitar una censura. La libertad de expresión se caracteriza como impertinente, crítica y molesta. Ahora bien, tiene unos límites. Por ejemplo, el insulto, la incitación al odio o violencia, la calumnia, etc.

---

4. *Vid.* PÉREZ-LUÑO, A. E., «Internet y los derechos humanos», Anuario de derechos humanos, nueva época 12, 2011, pp. 287-330.
5. *Vid.* TERUEL LOZANO, G. M., Libertad de expresión y censura en Internet, Estudios de Deusto, 62-2/2014, p. 45.
6. «con frecuencia, el filtrado viene determinado por las condiciones impuestas a los usuarios cuando contratan o utilizan el servicio como es el caso de las "normas comunitarias" en las redes sociales que pueden eliminar contenidos ilegales (...) esta iniciativa privada viene ahora promovida por los mismos poderes públicos quienes imponen a los prestadores de servicios el uso de filtros para controlar e identificar determinados contenidos, bloquearlos y, en su caso, retirarlos». *Vid.* PAUNER CHULVI, C., «Noticias falsas y libertad de expresión e información. El control de los contenidos informativos en la red», Teoría y realidad constitucional, n.º 41, 2018, p. 308.

De inicio, la censura[7] por parte de las autoridades públicas se muestra peligrosa con ese respeto a la libertad de expresión. Puesto que la libertad de expresión debe ser protegida independientemente del medio usado, sea o no en el ciberespacio.

I. LA INCIDENCIA DE LOS ALGORITMOS A LOS DERECHOS FUNDAMENTALES

De inicio, no resulta fácil en la práctica, determinar cuál es la actividad principal de una página web. No es lo mismo, una página web que se destina al comercio electrónico que otra, por ejemplo, dedicada a ser un medio comunicativo, o una red social. De esta manera, el medio en internet afectará a una flexibilidad o no sobre la moderación de los mensajes. Sin con ello, estemos afirmando que no tenga que someterse a un escrutinio respecto cualquier medida restrictiva del ejercicio de la libertad de expresión.

Así pues, a una red social o distribuidora de contenidos se le reclama una responsabilidad jurídica inferior[8] por los contenidos publicados por terceros, siempre que cumplan ese deber de diligencia en su procedimiento de moderación[9]. Sin obviar, una serie de cargas impuestas a esas empresas o proveedores, normativamente para salvaguardar y proteger derechos fundamentales. De modo esencial, en lo relativo a la transparencia en las condiciones de acceso y moderación[10] en consonancia con los

7. «La prohibición constitucional de censura ¿se ha convertido en una reliquia jurídica? ¿es todavía una garantía normativa útil para salvaguardar un proceso de comunicación libre y abierto en la era digital?». *Vid.* GARCÍA MORALES, M. J., «La prohibición de la censura en la era digital», Teoría y realidad UNED, núm.31, 2013, p. 238.

8. «La verdadera batalla se plantea respecto de la posible responsabilidad civil por contenidos aportados por terceros y usuarios. Y ahí, de forma coherente con la necesidad de fomentar el pluralismo y no poner límites rígidos, las reglas han flexibilizado el modelo de responsabilidad solidaria civil de los medios para, por el contrario, excluir la responsabilidad de alojadores y agregadores como norma general». *Vid.* BOIX PALOP, A., «La construcción de los límites a la libertad de expresión en las redes sociales», Revista de Estudios Políticos, 173, 2016, p. 93.

9. Dicho esto, nos parece a tener en cuenta que, «Twitter o Facebook hoy cumplen una función similar a la que antes cumplían los foros públicos tradicionales como las calles, los parques y las plazas, pero también lo es que Twitter o Facebook son espacios virtuales gestionados por empresas privadas». *Vid.* VÁZQUEZ ALONSO, V. J., «Twitter no es un foro público pero el perfil de Trump sí lo es: Sobre la censura privada de y en las plataformas digitales en los EE.UU.», Estudios de Deusto: revista de la Universidad de Deusto, 1/2020, p. 498.

10. La información y los datos son activos cuyo procesamiento genera un valor alto para la sociedad. Con ello las oportunidades que brindan las tecnologías algorítmicas chocan con su opacidad y falta de rendición de cuentas. *Vid.* POLLICINO, O.; DE

principios y valores del estado de derecho democrático. Incluso mecanismos para la retirada de contenidos ilícitos tras un requerimiento por parte de la autoridad pública competente.

Cuestión relevante, son las fórmulas de control relativas a esa censura[11] de contenidos[12]. Si consideramos legítimo que esas empresas privadas puedan bloquear la difusión de determinados contenidos ilícitos o de contenidos nocivos, deben configurarse al amparo de leyes penales y administrativas y, en consonancia a la protección de los derechos fundamentales. Trasladando el régimen y tratamiento jurídico del discurso del odio e información falsa, a esas conductas extremas. Una tarea ardua, conocer hasta cuándo se podrá justificar la imposición de obligaciones a los sujetos privados y/o la intervención estatal para corregir las disfunciones. Y, todo ello, con una plena eficacia del ejercicio de la libertad de expresión.

El concepto de algoritmo parece ligado a los retos de la inteligencia artificial, a grandes rasgos, se configura como un procedimiento formalizado para conseguir un resultado tras obedecer una serie de órdenes[13]. En realidad, en este texto más que la predicción basada en datos, se analiza la cuestión de la inteligencia artificial a partir del análisis algorítmico de datos, por la cual en la fijación de reglas se controlan las opiniones vertidas por los individuos en internet y las redes sociales. Como avanzamos, este uso pone en riesgo a los derechos fundamentales. En concreto, una serie de riesgos para los derechos y libertades de los usuarios de las plataformas y redes

10. GREGORIO, G., «Constitutional Law in the Algorithmic Society», MICKLITZ, H., POLLICINO, O., REICHMAN, A., SIMONCINI, A., SARTOR, G., DE GREGORIO, G. (eds.), Constitutional Challenges in the Algorithmic Society, Cambridge: Cambridge University Press, 2021, p. 4.
11. A día de hoy, la actividad privada de autorregulación ha sido rechazada por parte del TC como censura en sentido constitucional. *Vid.* GARCÍA MORALES, M. J., *op. cit.*, p. 249.
12. En la hipotética negación de difundir contenidos «la amenaza de fuertes sanciones, unidas a la ambigüedad del sistema legal de atribución de responsabilidad, implica también en nuestro caso un importante efecto disuasorio para el ejercicio de la libertad de expresión». *Vid.* ESCOBAR ROCA, G., «Reflexiones en torno a los principios de la comunicación pública en el ciberespacio», COTINO HUESO, L(dir.), Libertad en Internet. La red y las libertades de expresión e información, Tirant lo Blanch, Valencia, 2007, p. 127.
13. «Ocurre a veces que el algoritmo está mal diseñado y calcula erróneamente el resultado o que no permite incorporar datos que son jurídicamente relevantes en la aplicación de la norma. Puede suceder que, de hecho, la comodidad del algoritmo induzca a sus usuarios a no comprobar la corrección del resultado, de forma que, aunque el algoritmo no prevalece sobre la norma, y los resultados que no se ajusten a la norma sean ilegales, en muchos casos prevalezca el algoritmo sobre la Ley». *Vid.* HUERGO LORA, A. J., «El uso de algoritmos y su impacto en los datos personales», Revista de Derecho Administrativo, n.º 20, 2021, p. 168.

sociales[14]. No solo por la moderación de contenidos, sino también por los filtros burbuja que limitan el acceso a fuentes de información plurales y diversas, con consecuencias adversas al valor del pluralismo político. Lo que derivaría en una polarización ideológica.

Como plantea Presno Linera: «convendría reflexionar sobre si la IA supone una transformación esencial en lo que respecta a las dimensiones subjetiva y objetiva de los derechos fundamentales y, en su caso, si es aconsejable la constitucionalización de nuevos derechos fundamentales, una reforma legal de los mismos o si, en realidad, las facultades que se tratan de garantizar ya están en buena medida amparadas por derechos fundamentales "clásicos"»[15].

Los mencionados discursos de odio, fruto de la expresión *hate speech* norteamericano, han sido conceptualizados por el Comité de Ministros del Consejo de Europa, como: «toda forma de expresión que difunda incite, promueve o justifique el odio racial, la xenofobia, el antisemitismo, u otras formas de odio basadas en la intolerancia»[16]. Además, se incorporan aquellas manifestaciones que incitan directamente a la violencia o enaltecimiento del terrorismo. De ese modo, se perseguirá aquellos discursos incitadores de violencia y discursos discriminatorios. En la medida en que, en un contexto determinado[17], ese discurso del odio pueda ser un límite al ejercicio de la libertad de expresión.

Este discurso del odio *en línea* presenta efectos multiplicadores y suprime un principio inclusivo equilibrado a los grupos sociales minoritarios en el debate público.

Para esa persecución de discursos, los poderes públicos cuentan con una herramienta principal, la legislación nacional —principalmente penal—. Sin embargo, la interrupción de un servicio o la retirada de un contenido en internet pueden representar una gravísima afectación de las libertades

14. *Vid.* GARRIGA DOMÍNGUEZ, A., «Inteligencia artificial y el fenómeno de la desinformación: el papel del RGPD y las garantías recogidas en la propuesta de la Ley de Servicios Digitales», LLANO ALONSO, F. H. (dir.), Inteligencia artificial y Filosofía del derecho, Laborum, 2022, pp. 451-474.

15. *Vid.* PRESNO LINERA, M. A., «Derechos fundamentales e inteligencia artificial en el estado social, democrático y digital de derecho», Anuario de la Red Eurolatinoamericana de Buen Gobierno y Buena Administración, n.º 3, 2023, p. 2.

16. Se incluye en la Recomendación n.º (97)20, del 30 de octubre de 1997 sobre «discurso de odio» del Comité de Ministros. Al igual, la Recomendación General n.º 15 relativa a la lucha contra el discurso de odio y su Memorándum explicativo, de la Comisión Europea contra el Racismo y la Intolerancia (ECRI), del Consejo de Europa.

17. Sin embargo, se observa una banalización de este tipo de discursos con una aplicación judicial discutible.

informativas *equiparable* al secuestro de una publicación, por lo que las medidas extrajudiciales por parte de los operadores constituyen un tipo de censura «privada».

II. LA MODERACIÓN DE CONTENIDOS: ¿HABLAMOS DE CENSURA?

En el análisis de Balkin[18] considera que, las empresas que operan en la red se hallan en una difícil situación al proteger los derechos constitucionales de los usuarios. Por varios motivos, en primer lugar, no siempre tienen interés en hacerlo; y, en segundo, las posibles consecuencias jurídicas como económicas que les puede acarrear. En definitiva, la posible colaboración de los operadores de internet con los poderes públicos continúa en un proceso constructivo. En tanto, la necesidad de una dogmática consolidada con la construcción de un marco normativo. En atención a la revisión de contenidos por parte de las empresas que operan en Internet, observamos que no se somete a un marco de responsabilidad claro y transparente.

Y en la práctica, como apunta Barata[19], los intermediarios (almacenamiento, distribución e intercambio de contenidos, redes sociales) en el proceso y difusión de contenidos en internet son los actores principales. El paradigma constitucional cambia, ya no se trata de limitar a los poderes públicos sino el surgimiento de unos poderes privados digitales que necesitan ser controlados.

Ahora bien, se apunta generalizadamente a dos extremos, aquellos que consideran que solo las autoridades públicas deben suprimir los contenidos discriminatorios; a diferencia de los que entienden que también pueden ser competentes las autoridades privadas. Del mismo modo, existen convicciones que consideran que la moderación o control de contenidos por esos intermediarios o autoridades privadas son un aparato censurador que impiden el ejercicio legítimo de un derecho fundamental, como es la libertad de expresión.

Por otro lado, si se acude a las medidas que adoptan van desde la autorregulación; la implementación de filtros informáticos y/o algoritmos por los operadores privadas; hasta la exigencia de responsabilidades o actuaciones concretas imperadas por los poderes públicos[20].

18. *Vid.* BALKIN, J., *op. cit.*
Igualmente, *Vid.* BALKIN, J., «Free Speech is a Triangle», Columbia Law Review, 2018.
19. *Vid.* BARATA MIR, J., «Libertad de expresión, regulación y moderación privada de contenidos», Teoría&Derecho (Tirant), junio, n.º 32, 2022, p. 92.
20. *Vid.* VALERO HEREDIA, A., «Los algoritmos del odio», Agenda Pública-El País, 6 de septiembre de 2019.

La configuración de algoritmos[21] a elección de los operadores privados sin una regulación jurídica previa ni que contemple su posible afectación a derechos fundamentales no resulta un *camino* halagüeño. Incluso, alarmante.

El estudio de la *gobernanza* sobre internet necesita una configuración clara que conlleve una seguridad jurídica y un respeto a los derechos fundamentales. En esencia, como utilizar las técnicas de filtrado y bloqueo de contenidos, al censurar contenidos de la ciudadanía[22]. Esto es, se deben ofrecer respuestas jurídicas y políticas en esa conexión entre innovación tecnológica y las posibles restricciones a libertades cívicas. Lógicamente, las controversias actuales son múltiples y dispares en esta *gobernanza*. Si bien, se pone el foco en la cuestión de censura de contenidos mediante la utilización de algoritmos de cara a la protección de otros bienes constitucionales o derechos. De partida, una restricción al ejercicio de la libertad de expresión debe resultar proporcional a los beneficios que la misma reportará para la protección de otros intereses constitucionales. Además, debería estar prevista legalmente y ser idónea para alcanzar esa finalidad perseguida.

CONCLUSIONES PROVISIONALES

Lógicamente las ventajas de internet han sido y son incalculables. Sin embargo, los conflictos entre derechos y su sucesiva limitación continúan produciéndose. Los avances tecnológicos no pueden menoscabar los derechos fundamentales[23]. Ahora bien, el tratamiento jurídico del discurso del odio o la desinformación falsa debe aplicarse en el ciberespacio para la protección de otros derechos o bienes constitucionales.

Reclamarles a los intermediarios que colaboren no significa que deban suplantar a las autoridades policiales y judiciales, restringiendo discrecionalmente mediante el borrado de contenidos y la utilización de algo-

---

«Cualquier tipo de censura debe ser un examen preventivo ejercido en todo caso por un poder público». *Vid.* GARCÍA MORALES, M. J., *op. cit.*, p. 251.

21. Como expresa el autor, «existe una cierta incompatibilidad entre los algoritmos y la vertiente procesal de la democracia pluralista y del derecho constitucional, como proceso público, plural y participativo». *Vid.* BALAGUER CALLEJÓN, F. J.: *op. cit.*, p. 35.

22. Coincidimos en línea a la autora. «En lo que atañe a la configuración legal del régimen jurídico de atribución de dicha responsabilidad, el problema no radica tanto en una posible vulneración de la prohibición de censura previa, cuanto, de nuevo, en las garantías formales que debe revestir una restricción de dichas libertades en la Red». *Vid.* GARCÍA MORALES, M. J., *op. cit.*, p. 258.

23. Como el autor propone esa alteración social de la libertad de expresión conlleva un dinamismo de los derechos, con ello, una nueva regulación legislativa y administrativa de la tecnología y su diseño. En BALKIN, J. M., *op. cit.*

ritmos[24]. Involucrarles a la depuración y eliminación de expresiones debe ser acorde «respecto a las propias reglas y principios que comprometen al Estado, y que, por ello, son trasladables»[25]. Las lógicas de mercado y la maximización de beneficios privados conllevan que las empresas prioricen la autorregulación y el *soft law*. Un mecanismo privado que margina la representatividad democrática, en la elaboración legislativa. Los controles sistemáticos previos mediante algoritmos deben cumplirse con unas reglas claras para los usuarios. Junto a una regulación conjunta que garantice que los poderes públicos participan en la configuración de los valores y principios que sustentan ese desarrollo tecnológico[26]. Con probabilidad, la aplicación horizontal de los derechos fundamentales frente a los particulares sea un remedio ante este cambio de paradigma que contempla, entre otros, Balkin[27].

La utilización de algoritmos supone un riesgo constitucional, por ese motivo, el punto de partida regulatorio debe minimizar los posibles riesgos que produce y que este acompañada de un aparato inspector a instancia de los perjudicados. En especial, en su técnica autorizada de control preventivo, a la hora de censurar contenidos.

Esto es, los límites a la libertad de expresión deben ser actualizados a la *gobernanza* de internet.

BIBLIOGRAFÍA

AL HASANI MATURANO, A., «El dilema entre censurar o amparar la libertad de expresión en el ciberspacio», Rivista Gruppo di Pisa (Quaderno n.º 3 Fascicolo speciale monografico Diritto e nuove tecnologie tra comparazione e interdisciplinarità in memoria di Paolo Carroza). 2/2021 abbinato, 26 marzo. pp. 81-90.

BALAGUER CALLEJÓN, F. J., La Constitución del algoritmo, Fundación Giménez Abad, Colección estudios 9.º, Zaragoza, 2022.

---

24. La implementación de algoritmos conlleva que evalúen y eliminen el discurso de acuerdo a su política comercial sin una valoración si ese discurso inicialmente privado puede alcanzar a ser un discurso pleno de la esfera pública. *Vid.* POLLICINO, O.; DE GREGORIO, G., *op. cit.*, p. 8.
25. *Vid.* VÁZQUEZ ALONSO, V. J., *op. cit.*, p. 503.
26. *Vid.* POLLICINO, O.; DE GREGORIO, G., *op. cit.*, p. 13.
27. Una nueva regulación que evita los abusos de burocracias privatizadas. *Vid.* BALKIN, J., «Free Speech is a Triangle», Columbia Law Review, 2018.

BALKIN, J. M., «Digital speech and democratic culture: a theory of freedom of expression for the information society», New York University Law review, 79-1, 2004, pp. 1-58.

BALKIN, J., «Free Speech is a Triangle», Columbia Law Review, 2018, pp. 2011-2056.

BARATA MIR, J., «Libertad de expresión, regulación y moderación privada de contenidos», Teoría&Derecho (Tirant), junio, n.º 32, 2022, pp. 88-107.

BOIX PALOP, A., «La construcción de los límites a la libertad de expresión en las redes sociales», Revista de Estudios Políticos, 173, 2016, pp. 55-112.

ESCOBAR ROCA, G., «Reflexiones en torno a los principios de la comunicación pública en el ciberespacio», COTINO HUESO, L(dir.), Libertad en Internet. La red y las libertades de expresión e información, Tirant lo Blanch, Valencia, 2007.

FROSINI, T. E., «Internet y democracia», Revista de Derecho Constitucional Europeo UGR, julio-diciembre, 30/2018.

GARCÍA MORALES, M. J., «La prohibición de la censura en la era digital», Teoría y realidad UNED, núm.31, 2013, pp. 237-276.

GARRIGA DOMÍNGUEZ, A., «Inteligencia artificial y el fenómeno de la desinformación: el papel del RGPD y las garantías recogidas en la propuesta de la Ley de Servicios Digitales», LLANO ALONSO, F. H. (dir.), Inteligencia artificial y Filosofía del derecho, Laborum, 2022.

HUERGO LORA, A. J., «El uso de algoritmos y su impacto en los datos personales», Revista de Derecho Administrativo, n.º 20, 2021, pp. 166-193.

KLONICK, K., «The Facebook Oversight Board: Creating an Independent Institution to Adjudicate Online Free Expression», Yale Law Journal, vol. 129, 2020.

PAUNER CHULVI, C., «Noticias falsas y libertad de expresión e información. El control de los contenidos informativos en la red», Teoría y realidad constitucional, n.º 41, 2018, pp. 297-318.

PÉREZ-LUÑO, A. E., «Internet y los derechos humanos», Anuario de derechos humanos, nueva época 12, 2011, pp. 287-330.

POLLICINO, O., «Judicial Protection of Fundamental Rights in the Transition from the World of Atoms to the Word of Bits: The Case of Freedom of Speech», European Law Journal. 25-2, 2019, pp. 155-168.

POLLICINO, O.; DE GREGORIO, G., «Constitutional Law in the Algorithmic Society», MICKLITZ, H., POLLICINO, O., REICHMAN, A., SIMONCINI, A., SARTOR, G., DE GREGORIO, G. (eds.), Constitutional Challenges in the Algorithmic Society, Cambridge: Cambridge University Press, 2021, pp. 3-24.

PRESNO LINERA, M. A., «Derechos fundamentales e inteligencia artificial en el estado social, democrático y digital de derecho», Anuario de la Red Euro latinoamericana de Buen Gobierno y Buena Administración, n.º 3, 2023.

TERUEL LOZANO, G. M., Libertad de expresión y censura en Internet, Estudios de Deusto, 62-2/2014, pp. 41-72.

VALERO HEREDIA, A., «Los algoritmos del odio», Agenda Pública-El País, 6 de septiembre de 2019.

VÁZQUEZ ALONSO, V. J., «Twitter no es un foro público pero el perfil de Trump sí lo es: Sobre la censura privada de y en las plataformas digitales en los EEUU», Estudios de Deusto: revista de la Universidad de Deusto, 1/2020. pp. 475-508.

VÁZQUEZ ALONSO, V. J., «La censura privada de las grandes corporaciones digitales y el nuevo sistema de la libertad de expresión», Teoría&Derecho (Tirant). junio. n.º 32, 2022, pp. 108-129.

Capítulo 5

Vigilancia electrónica al periodismo. Estado de situación de una práctica peligrosa para el conjunto de la sociedad democrática

Electronic surveillance of journalism. state of play of a practice that is dangerous for the whole of democratic society

Damián M. Loreti
Universidad de Buenos Aires

Resumen

Como una práctica nada novedosa, pero creciente en función de la utilización de tecnologías de la información y las comunicaciones en la actividad periodística que ha aumentado exponencialmente, el espionaje contra los profesionales de la prensa y los medios se ha transformado en un elemento siempre presente en los reportes sobre la situación de la libertad de expresión en las distintas regiones.

La cuestión ha tomado tanta relevancia en los últimos años que ha habido pronunciamiento de distintos órganos de los sistemas de derechos humanos, y la UNESCO ha incluido la temática en forma específica en su Jornada Mundial sobre la Libertad de Prensa celebrada en Punta del Este, en el mes de mayo de 2022.

El objeto de esta colaboración es dar cuenta del marco jurídico que establece las condiciones de protección contra la vigilancia electrónica que sufren profesionales del periodismo, así como los sucesos últimos registrados como violaciones a esos derechos. Ello en tanto la definición y magnitud de la información como bien jurídico a cuidar excede a los profesionales, medios y empresas del periodismo. Es claro que, si el periodista revela sus fuentes, y las mismas pueden sufrir represalias, lo más probable es que esas fuentes de información se «sequen» y no solamente no puedan volver a ser consultada, sino que se expanda el aleccionamiento o atemorización resultante de la misma. La vigilancia física siempre impactó sobre las fuentes, también lo hace la electrónica.

Palabras clave

Periodismo – vigilancia – secreto – privacidad – expresión

Abstract

Spying on press and media professionals has become an ever-present element in reports about freedom of expression in different regions, not as a new practice, but one that is growing as the use of information and communication technologies in journalistic activity has increased exponentially.

The issue has become so relevant in recent years that there have been pronouncements from different human rights bodies, and UNESCO has specifically included the subject in its World Press Freedom Day held in Punta del Este in May 2022.

The purpose of this collaboration is to give an account of the legal framework that establishes the conditions for protection against electronic surveillance suffered by journalism professionals, as well as recent events recorded as violations of these rights. This is because the definition and magnitude of information as a legal asset to be protected goes beyond journalism professionals, media and companies. If a journalist reveals his or her sources, and these may suffer reprisals, it is most likely that these sources of information will «dry up» and not only will they no longer be consulted, but the resulting fear or intimidation will spread. Physical surveillance has always had an impact on sources, and so does electronic surveillance.

Keywords

Journalism – surveillance – secrecy – privacy – expression

INTRODUCCIÓN

Como una práctica en función de la utilización de tecnologías de la información y las comunicaciones en la actividad periodística, que ha aumentado exponencialmente, el espionaje contra los profesionales de la prensa y los medios se ha transformado en un elemento siempre presente en los reportes sobre la situación de la libertad de expresión en las distintas regiones.

La cuestión ha tomado tanta relevancia en los últimos años que ha habido pronunciamiento de distintos órganos de los sistemas de derechos humanos y la UNESCO ha incluido la temática en forma específica en su Jornada Mundial sobre la Libertad de Prensa celebrada en Punta del Este, República Oriental del Uruguay, en el mes de mayo de 2022 y hay funcionando una comisión investigadora en el Parlamento Europeo.

I. APROXIMACIÓN AL BIEN JURÍDICO A PROTEGER

La identificación del periodista como un profesional que trabaja en soledad o en equipo, pero que su sola figura concentra un ramillete de derechos como la expresión individual del sujeto y con ello las condiciones en que ejerce sus derechos y prácticas es sólo una parte (aunque muy importante), pero allí no se agotan las razones de por qué proteger la indemnidad del secreto.

Para quienes pensamos que la información es un derecho de los pueblos y que su ejercicio, en el sentido que ha indicado la Corte Interamericana de Derechos Humanos (Corte IDH) como un derecho de doble vía, que ampara tanto el derecho a dar informaciones, como a recibirlas, y a contestar, cuestionarlas, en un paisaje plural y diverso de medios y profesionales con distintas voces, posiciones y posturas, el resguardo de la indemnidad de las condiciones de actuación de los periodistas en la recolección de información y protección de sus archivos, sistemas de comunicación, apuntes y fuentes, excede a su propia individualidad, y hasta le genera obligaciones de cuidado en su manejo, es un problema serio del sistema democrático.

El objeto de esta colaboración es dar cuenta desde marco jurídico que establece las condiciones de protección contra la vigilancia electrónica que sufren o podrían sufrir los y las profesionales del periodismo, los sucesos últimos que se han registrado como violaciones a esos derechos que protegen la actividad. Nuevamente, en la convicción de que la definición del bien jurídico a cuidar los y las excede a profesionales, medios y empresas del periodismo[1].

1. Aclaramos: No será temática por abordar las obligaciones de resguardo que deberían cumplir para cuidar esos mismos objetos y a sus fuentes. Bien podría ser el asunto de otras investigaciones, que sinceramente no he conocido aún y cuya casuística presumo será bastante menos voluminosa que la de los casos de vigilancia y violación a la secrecía de las fuentes de información periodística.

Aparece obvio que debe ser un derecho[2], sin perjuicio de la obligación ética no debe ceñirse el alcance del secreto a la identidad de las fuentes, dado que lo que se debe intentar garantizar —si consideramos la libertad de expresión como ese derecho de doble vía en la idea más propia del derecho internacional de los derechos humanos que de la doctrina clásica— es el derecho a recibir información por parte del sujeto universal o «toda persona» que cuenta con ese derecho desde el artículo 19 de la DUDH.

Si el periodista revela sus fuentes, o las mismas pueden sufrir represalias de llegar a conocerse su identidad, lo más probable es que esas fuentes de información se «sequen» y no solamente no puedan volver a ser consultada, sino que se expanda el aleccionamiento o atemorización resultante de la misma. La vigilancia física siempre impactó sobre las fuentes, también lo hace la electrónica.

Por ello, en interés del derecho a la información del público, el ordenamiento jurídico de los DDHH garantiza el anonimato de esa fuente (y los materiales) en las noticias que comunique a la prensa y gran cantidad de declaraciones considera parte de esa protección tiene derecho a la reserva de sus fuentes de información, apuntes y archivos personales y profesionales y a los soportes tecnológicos en los que se asientan tales datos[3].

2. «Existe acuerdo en la doctrina sobre el concepto de secreto profesional de los periodistas, que suele ser definido en estos o semejantes términos: es el derecho de los profesionales de la información a no revelar las fuentes de la misma ni a su empresa, ni a terceros, ni a las autoridades públicas, ni siquiera a las judiciales». LLAMAZARES CALZADILLA, María Cruz: Las libertades de expresión e información como garantía del pluralismo democrático, Civitas, Madrid, España, 1999, página 85.

3. «La protección de las fuentes periodísticas es una de las condiciones básicas de la libertad de expresión como se refleja en las leyes y códigos profesionales y diversos instrumentos internacionales de las libertades periodísticas (entre otras: "Resolution on Journalistic Freedoms and Human Rights", adoptada en la 4.º European Ministerial Conference on Mass Media Policy, Praga, 7-8 de diciembre de 1994; la "Resolution on the Confidentiality of Journalists' Sources by the European Parliament", 18 de enero de 1994; la "Official Journal of the European Communities" N.° C 44/34). Sin esta protección, las fuentes pueden ser desalentadas a asistir a la prensa a informar al público en cuestiones de interés público. Como resultado, puede ser perjudicado el rol vital de observador público, y la capacidad de la prensa de proveer adecuada y destacada información puede ser afectada de modo adverso. Teniendo en cuenta la importancia de la protección de las fuentes para la libertad de prensa en una sociedad democrática y la posibilidad cierta del efecto intimidatorio que una orden de revelación de fuente tiene sobre el ejercicio de ese derecho, tal medida no puede ser compatible con el artículo 10 de la Convención [...]». En idéntico sentido decisiones más recientes como «Becker v. Norway App nº 21272/12 (ECHR 5 October 2017)», Caso Moya Chacón Y Otro Vs. Costa Rica. Sentencia De 23 De Mayo De 2022. (Excepciones preliminares, Fondo, Reparaciones y Costas) y Principio 8.º De la Declaración de Principios sobre la Libertad de Expresión, Comisión Interamericana de Derechos Humanos, 108.º período de sesiones, 2000.

II. FUENTES NORMATIVAS

Diversas son las fuentes normativas de derecho internacional de los derechos humanos que dan cuenta de esta protección, además de —por supuesto— legislaciones locales y nacionales.

Entre ellas, por supuesto, el artículo 19 del PIDCyP, que resguarda el derecho de todas las personas a la libertad de opinión y de expresión. Ahora, cuando se prevé que este derecho «incluye el de no ser molestado a causa de sus opiniones, el de investigar y recibir informaciones y opiniones, y el de difundirlas, sin limitación de fronteras, por cualquier medio de expresión», por supuesto que incorpora lo relacionado a las relaciones entre fuentes y periodistas y a la reserva del secreto profesional, en las condiciones que hemos visto en el apartado anterior.

Lo propio el artículo 10 del Convenio Europeo en las condiciones transcriptas, al igual que el artículo 13 de la Convención Americana sobre Derechos Humanos, o el artículo 9 de la Carta Africana.

Pero quisiéramos agregar un elemento que hace a la responsabilidad de los actores no estatales y a las obligaciones de respeto y protección.

El artículo 13.3. de la Convención Americana abre un camino en tal sentido. No importa de donde provenga la restricción. «3. No se puede restringir el derecho de expresión por vías o medios indirectos, tales como el abuso de controles oficiales o particulares de papel para periódicos, de frecuencias radioeléctricas, o de enseres y aparatos usados en la difusión de información o por cualesquiera otros medios encaminados a impedir la comunicación y la circulación de ideas y opiniones».

También quisiéramos incorporar a este debate —y como parte del marco normativo— a los Principios Rectores sobre las Empresas y los Derechos Humanos de las Naciones Unidas, citados en más de una oportunidad como fuente de derecho por la Corte IDH[4].

A poco de ver la incidencia —algunas veces en forma recurrente o sistemática— de las empresas de tecnología en el problema de la vigilancia electrónica —en sus usos y abusos—, se verifica la importancia de tener en cuenta tales «Principios Rectores».

4. «Lagos del Campo vs Perú», «Buzos Miskitos vs. Honduras», y «Martina Vera Rojas vs. Chile». Todas decisiones siguen la línea iniciada en el 2015 en el caso «Kaliña y Lokono vs. Surinam».

III. LAS ALARMAS

En 2008 el Consejo de Europa se refirió al problema, marcando en un reporte del «Media and Information Society Division»[5], el inicio de una serie de alarmas.

Allí se indicaba de la creciente tendencia a la observación de periodistas y las interferencias a sus equipos de comunicación desde 2001, tomando como pie las diferentes reformas legales que se iban introduciendo de la mano de la guerra contra el terrorismo que ensanchaba las facultades estatales en la materia de seguridad nacional o directamente como operaciones clandestinas. Este reporte indicó casos de espionaje y monitoreo a periodistas y medios en el período 2001 a 2008 en Alemania, Países Bajos, Dinamarca, República Checa y Bélgica. Entre sus conclusiones indicaba como los principales problemas de parte de los estados:

1. Extensión o ensanchamiento de los supuestos legales en que se autorizan las vigilancias.
2. Relajamiento de las limitaciones en la toma de decisiones.
3. Autorización de técnicas invasivas.
4. Crecimiento de la demanda de información sobre la identificación de los usuarios de telecomunicaciones a las empresas.

En 2013, en el Informe Anual[6] rendido ante el Consejo de Derechos Humanos de Naciones Unidas, el Relator de Protección a la Libertad de Expresión y Opinión, Frank La Rue, indicaba que si bien las preocupaciones sobre la seguridad nacional y la actividad criminal podrían justificar el uso excepcional de la vigilancia de las comunicaciones, apuntaba que las leyes nacionales que debían determinar las regulaciones y fijar estándares de legalidad, fin legítimo y proporcionalidad de la intromisión, o no existían o no alcanzaban esos estándares.

Agregaba algo que en la época no era universalmente reconocido, señalando que entre otras prácticas los Estados podían obtener de las empresas de internet los correos electrónicos de un individuo, identificar sus movi-

5. «Speaking of Terror. A survey of the effects of counter, terrorism legislation on freedom of the media in Europe» (Nov. 2008. -) https://www.ohchr.org/sites/default/files/Documents/Publications/Factsheet32EN.pdf
6. Frank La Rue, «Report of the Special Rapporteur on the promotion and protection of the right to freedom of opinion and expression», A/HRC/23/40, 17 April 2013; Disponible para consulta en: http://ap.ohchr.org/documents/dpage_s.aspx?m=85

mientos dentro de un área por su teléfono móvil e interceptar sus llamadas y mensajes de texto.

Para esos años —premonitorio informe— indicaba que se debían tomar medidas para evitar la comercialización de tecnologías de vigilancia en todo el mundo y la protección de los datos de comunicación.

También la Relatoría Especial de Libertad de Expresión de la CIDH incorpora en su Informe de 2013 publicado en marzo de 2014 un capítulo referido a la «Vigilancia de las comunicaciones en Internet y libertad de expresión»[7], con alertas similares y recomendaciones a estados y empresas.

Asimismo, en 2014, se publica el Primer Reporte del Alto Comisionado de las Naciones Unidas para los Derechos Humanos sobre «El derecho a la privacidad en la Era Digital». Cuestiona la creciente actividad de los gobiernos tendientes a ordenar a actores del sector privado a retener datos y metadatos a proveedores de internet y las telecomunicaciones. Y advierte sobre la apertura de «mercados paralelos» de información[8].

En 2015 un reporte de The Guardian —basado en las denuncias de Edward Snowden—da cuenta de procesos de vigilancia masiva en las comunicaciones electrónicas de periodistas que trabajaban para organizaciones de medios de Estados Unidos y Gran Bretaña perpetrados por la Agencia de Inteligencia y Cyber Seguridad (GCHQ). Por ejemplo: emails de la BBC, Reuters, The Guardian, New York Times, Le Monde, Sun, NBC y Washington Post fueron captados y archivos en la agencia citada y compartidos en su intranet[9].

Ese mismo año, la Relatoría Especial de Libertad de Expresión de la CIDH, en su Informe Anual[10] incorpora un apartado sobre «Programas de Vigilancia y reserva de la Fuente» donde dice «19. Durante 2015, la RELE reiteró su preocupación por la existencia de programas y prácticas de segu-

---

7. https://www.oas.org/es/cidh/expresion/docs/informes/anuales/2014_04_22_IA_2013_ESP_FINAL_WEB.pdf
8. Asamblea General de las Naciones Unidas, A/RES/68/167. 21 de enero de 2014, Resolución de la Asamblea General de las Naciones Unidas sobre el derecho a la privacidad en la era digital, del 18 de diciembre de 2013. 68/167. En idéntico sentido: Consejo de Derechos Humanos ONU, Promoción, protección y disfrute de los derechos humanos en Internet, A/HRC/26/L.24, 20 de junio de 2014, disponible en http://daccess-dds-ny.un.org/doc/UNDOC/LTD/G14/059/70/PDF/G1405970.pdf?OpenElement
9. «GCHQ captured emails of journalists from top international media» disponible en: https://www.theguardian.com/uk-news/2015/jan/19/gchq-intercepted-emails-journalists-ny-times-bbc-guardian-le-monde-reuters-nbc-washington-post
10. Disponible en https://www.oas.org/es/cidh/expresion/docs/informes/anuales/InformeAnual2015RELE.pdf

ridad que puedan generar un perjuicio serio a los derechos universales a la intimidad y a la libertad de pensamiento y expresión».

Instaba allí a las autoridades correspondientes a que revisaran la legislación pertinente y modificaran sus prácticas, con la finalidad de asegurar su adecuación a los principios internacionales en materia de derechos humanos, establecer los límites a la potestad para vigilar las comunicaciones privadas, su necesidad estricta y proporcionalidad, de conformidad con los derechos universales de las personas y los principios de derecho internacional. Sobre todo, para que el concepto de necesidad imperiosa de la seguridad nacional tenga una interpretación estrecha y no lábil.

En 2018 se produce ante la Comisión Interamericana de Derechos Humanos la primera audiencia sobre vigilancia electrónica y su impacto sobre los derechos humanos.

Y mientras estás páginas se escriben se encuentra a estudio un reporte en la «Comisión de Investigación del Uso de Pegasus y software similares para la vigilancia electrónica» conformada en el Parlamento Europeo[11].

IV. CIERTOS (NO TODOS) CASOS EMBLEMÁTICOS

1. Argentina

En oportunidad de las Cumbres de la OMC y el G20 se realizaron de parte del Gobierno que finalizó el mandato en diciembre de 2019 tareas de seguimiento y perfilamiento a periodistas, activistas y políticos. Se ha realizado una denuncia judicial por violación de la ley de inteligencia aún sin definiciones[12].

2. Alemania

En 2017 la revista Der Spiegel denuncia el espionaje de la agencia de Inteligencia alemana a periodistas según la cual la agencia alemana de Inteligencia (BND) habría estado llevando a cabo una vigilancia deliberada a periodistas extranjeros, espiando al menos medio centenar de números de teléfono, fax, correos electrónicos de periodistas o sedes de profesionales de la información.

11. Committee of inquiry to investigate the use of the Pegasus and equivalent surveillance spyware. https://multimedia.europarl.europa.eu/es/webstreaming/pega-committee-meeting_20230124-0900-COMMITTEE-PEGA
12. Piden indagar a Macri por espionaje a 400 periodistas y líderes sociales en Argentina. France 24. https://www.france24.com/es/20200607-piden-indagar-a-macri-por-espionaje-a-400-periodistas-y-l%C3%ADderes-sociales-en-argentina

Si bien había habido una investigación en 2015 en el Bundestag y se había hecho una ley ad hoc para el servicio de inteligencia, la conclusión de las asociaciones de la prensa es que la reforma de la legislación del BND ya fue una clara violación de la Constitución y no alteró la práctica actual de vigilar a periodistas.

Según los documentos de Spiegel, entre los periodistas vigilados hubo profesionales de la BBC en Afganistán y Londres, del New York Times en Afganistán, y teléfonos móviles y satelitales de la agencia Reuters en Afganistán, Pakistán y Nigeria.

3. Colombia

Se registran denuncias contra el ejército nacional por casos de espionaje contra periodistas. Con particular énfasis, la Federación Internacional de Periodistas da cuenta de una denuncia de la Revista Semana por interferencias de computadoras y teléfonos de periodistas que en 2020 reportaban sobre el proceso de Paz[13].

4. El Salvador

Allí se produjo un caso arquetípico. El Faro es un medio de comunicación independiente de El Salvador. Atacados por el programa espía Pegasus.

Los investigadores forenses identificaron «el fuerte enfoque específico por país de las infecciones», lo que sugiere que es muy probable que los hackeos procedieran del gobierno de El Salvador.

El gobierno ha negado cualquier relación con Pegasus. Los trabajadores de los medios de comunicación han sufrido amenazas físicas y lenguaje violento. Sólo en El Faro, los investigadores encontraron programas espía en los teléfonos móviles de 22 empleados. Algunos de ellos con interferencias 42 veces en un periodo de 17 meses entre 2020 y 2021.

Desde marzo de 2022 una nueva ley ha creado «agentes digitales encubiertos». Como consecuencia, los periodistas están perdiendo fuentes para contar historias.

En mayo de 2022 el caso del El Faro fue presentado —dada su magnitud— por la organización Media Defence en la Jornada Mundial de la UNESCO por la libertad de expresión[14].

13. https://www.ifj.org/es/centro-de-medios/noticias/detalle/category/health-and-safety/article/colombia-denuncian-espionaje-militar-a-periodistas.html
14. https://www.mediadefence.org/news/spyware-against-journalists/

En noviembre de 2022, varios de los periodistas afectados promovieron acciones de daños y perjuicios contra la empresa creadora y distribuidora de Pegasus en los tribunales federales de Estados Unidos[15].

5. Estados Unidos

Según la American Civil Liberties Union[16], el último abuso cometido por el mismísimo Departamento de Justicia fue el uso de órdenes judiciales secretas para obtener detalles de las comunicaciones de periodistas de CNN, Washington Post, y New York Times.

Como las órdenes son secretas, para esta organización de derechos humanos las demandas aparentemente están conectadas con artículos referidos a la elección de 2016, una vez ocurridas estas y asumido el Gobierno de la Administración Trump. Al mismo tiempo se señala que la nueva administración mantuvo su vocación sobre el secreto en este punto.

6. Gran Bretaña

Byte Dance, la empresa dueña de TikTok ha reconocido haber obtenido ilegalmente datos y el IP de la periodista del Financial Times Cristina Criddle[17].

7. Grecia

En abril de 2022, se reveló que Thanasis Koukakis tenía su teléfono hackeado por el programa espía Predator. Koukakis es redactor financiero de CNN Grecia y colaborador de otros medios de comunicación internacionales. El hackeo tuvo lugar entre julio y septiembre de 2021. Fue informado por el Citizen's Lab respecto a la interferencia como en tantos otros casos. El gobierno griego ha negado cualquier implicación en la vigilancia. En su lugar, el gobierno sugirió que un actor privado era el culpable.

También ha salido a la luz que el propio Servicio de Inteligencia Nacional griego (EYP) vigiló a Koukakis en 2020, supuestamente por motivos de seguridad nacional. Koukakis pidió a la Autoridad Griega para Garantizar la Confidencialidad de las Comunicaciones (ADAE) que confirmara que su teléfono había sido pirateado. No recibió respuesta hasta un año después. Entretanto, el gobierno griego aprobó una enmienda que impide a la ADAE informar a los ciudadanos en los casos en que se les esté vigilando por

15. United States District Court northern District Of California San Jose Division - Case 5:22-cv-07513 Filed 11/30/22.
16. https://www.aclu.org/news/free-speech/no-more-spying-on-journalists
17. https://www.ft.com/content/e873b98a-9623-45b3-b97c-444a2fde5874

motivos de seguridad nacional. No fue cumplido sino hasta que los organismos públicos debieron dar cuenta ante el Parlamento[18, 19].

Esta misma falta de transparencia resulta de la auditoria hecha por la ADAE a la empresa de telecomunicaciones Cosmote con relación al espionaje y vigilancia sufrido por periodistas de investigación Tasos Teleglou con la alegación de poco precisas menciones a necesidades de la seguridad nacional. La empresa ha intentado interferir con la auditoria[20].

8. Hungría

Varios periodistas húngaros fueron objetivo de Pegasus. El caso más resonante es el del periodista Szabolcs Panyi, que trabaja para el centro de periodismo de investigación Direkt36, fue una de las víctimas; y la certificación la dio a su pedido Amnistía Internacional que detectó infiltraciones e infecciones en el teléfono desde 2019. A la fecha Panyi sigue investigando la compra de programas y materiales de vigilancia electrónica por parte de diversos estados[21].

9. Jordania

Suhair Jaradat es columnista independiente en varios medios de comunicación y forma parte del Comité Ejecutivo de la Federación Internacional de Periodistas (FIP). Fue uno de los cuatro defensores jordanos de los derechos humanos atacados por el programa espía Pegasus en 2021. Front Line Defenders y Citizen Lab informaron a Jaradat de que sus dispositivos habían sido objeto de un programa espía. También le informaron de que probablemente detrás de la vigilancia habría organismos afiliados al gobierno jordano. El Centro Nacional de Ciberseguridad de Jordania ha negado cualquier implicación gubernamental[22].

10. México

A la fecha de la redacción de este capítulo se han formulado denuncias de espionaje ocurrido contra dos periodistas y activistas de derechos humanos por parte de las Fuerzas Armadas. Ello se suma a pedidos de apertura de archivos que permitan conocer si ha ocurrido, y en qué condiciones se

18. https://www.mediadefence.org/news/spyware-against-journalists/
19. https://www.euractiv.com/section/media/news/greek-intelligence-service-admits-spying-on-journalist/
20. https://www.rcmediafreedom.eu/News/Greece-MFRR-alarmed-by-latest-revelations-of-spying-on-journalists
21. https://balkaninsight.com/2022/10/13/boosting-of-spying-capabilities-stokes-fear-hungary-is-building-a-surveillance-state/
22. https://www.mediadefence.org/news/spyware-against-journalists/

habría dado la contratación del sistema Pegasus en algún momento por parte del gobierno mexicano.

Pero debe indicarse que ya en 2017 la organización R3D, Red de Derechos digitales, había publicado un informe sobre «*Vigilancia sistemática a periodistas y defensores de derechos humanos en México*»[23].

11. Panamá

En Panamá se registraron casos de escuchas ilegales a periodistas durante el Gobierno del quinquenio de Ricardo Martinelli, quien fue llevado a juicio por ello y absuelto, por duda razonable, en noviembre de 2021.

12. Perú

En Perú se comprobaron casos de espionaje telefónico durante el gobierno de Alberto Fujimori, siendo que los mismos formaron parte de los argumentos de condena a 6 años aplicados en fallo judicial de 2009. Fue probado que, en el Palacio de Gobierno, se instaló un centro de escucha llamado «Casa Blanca», que era operado por personal militar bajo las órdenes del exasesor presidencial Vladimiro Montesinos, quien a su vez entregaba las transcripciones al entonces Presidente Fujimori.

V. ALGO DE JURISPRUDENCIA DEL TRIBUNAL EUROPEO DE DERECHOS HUMANOS

Aun cuando no se refieran a seguimientos realizados a periodistas, consideramos relevante incorporar en la colaboración algunas pautas de la jurisprudencia más reciente sobre derechos de privacidad de las comunicaciones del TEDH, dado que de algunas de sus decisiones resultan criterios de legalidad, oportunidad y proporcionalidad para la adopción de políticas o normas que pudieran afectar la privacidad de las personas.

En «Zakharov v. Rusia»[24] el TEDH se pronunció en contra de la legislación rusa que admite retención de datos e intercepciones masivas por la falta de precisión de la casuística que pretende defender. Otra razón fue que Zakharov no necesitaba demostrar el daño efectivo a su privacidad y que bastaba para ello la intercepción de las comunicaciones de su teléfono celular.

---

23. https://r3d.mx/wp-content/uploads/GOBIERNO-ESPIA-2017.pdf
24. Roman Zakharov v. Russia (Application No. 47143/06), Grand Chamber - 4 de diciembre de 2015.

Un elemento adicional de importancia que toma el fallo es la inexistencia de la notificación previa y con ello consolida la violación al art. 8 del Convenio Europeo, así como es expresa contra la falta de control efectivo independiente contra las decisiones de intrusión.

En Big Brother Watch v. UK.[25] el TEDH dictó su tan esperada decisión en un caso que es de vital importancia para el futuro del Consejo de Europa. Además, establece por primera vez garantías procesales a las que deberán atenerse en lo sucesivo todas las legislaciones nacionales sobre vigilancia del CdE.

Aunque es una victoria para los defensores de la privacidad, la sentencia presenta un punto álgido porque admite casos resguardando casi exactamente lo contrario. Ello se debe a que no sólo consiente la búsqueda de los gobiernos europeos de una mayor seguridad, sino que también consolida niveles distintos de protección contra la intrusión estatal injustificada en función de si el material interceptado es de naturaleza nacional o extranjera, estableciendo así normas distintas para la interceptación selectiva y masiva de las comunicaciones.

En su jurisprudencia anterior sobre la interceptación masiva de comunicaciones, al examinar la legalidad de las medidas de vigilancia nacional en los casos «Roman Zakharov v. Rusia» y «Szabó y Vissy v. Hungría», el TEDH no solo cuestionó su compatibilidad con los derechos del Convenio, sino que también estableció un requisito estricto para la existencia de «sospechas razonables» antes de poder autorizar la vigilancia.

El TEDH ahora acogió la utilidad de la interceptación masiva de comunicaciones extranjeras (o vigilancia estratégica) proclamando que constituye «un medio valioso para alcanzar los objetivos legítimos que se persiguen, especialmente teniendo en cuenta el nivel actual de amenaza tanto del terrorismo mundial como de la delincuencia grave». (párrafo 386 caso Big Brother Watch 2018).

También establece nuevas salvaguardias fundamentales como la «piedra angular (a respetar) de cualquier régimen de interceptación masiva conforme al artículo 8» (apartado 350). Al hacerlo, el Tribunal hizo una clara distinción entre la interceptación selectiva y la masiva, por lo cual esbozó el enfoque que debe seguirse en los casos de interceptación masiva, teniendo como punto de partida seis garantías mínimas (párrafos 348-364). Los dos primeros requisitos (que el derecho interno debe identificar clara-

25. Case Of Big Brother Watch And Others v. The United Kingdom (Applications Nos. 58170/13, 62322/14 And 24960/15) Grand Chamber 25 de mayo de 2021.

mente la naturaleza de los delitos que pueden dar lugar a una orden de interceptación y las categorías de personas susceptibles de que se intercepten sus comunicaciones) no son «fácilmente aplicables a un régimen de interceptación masiva» (párrafo 348).

Las cuatro salvaguardias restantes son los límites de la duración de la interceptación; los procedimientos que deben seguirse para examinar, utilizar y almacenar los datos; las precauciones para comunicar los datos a otras partes; y las circunstancias en que el material obtenido debe ser borrado o destruido), que el Tribunal había fijado en casos anteriores consideró que eran igualmente aplicables a la interceptación masiva.

VI. LAS ÚLTIMAS REFERENCIAS EN NACIONES UNIDAS

Por vía de la Resolución 68/167[26], la Asamblea General le pide a la Alta Comisionada que tome intervención y pautas que presente al Consejo de y a la Asamblea General un informe sobre la protección y la promoción del derecho a la privacidad en el contexto de la vigilancia y la interceptación de las comunicaciones digitales y la recopilación de datos personales en los planos nacional y extraterritorial, incluso a gran escala, que incluya opiniones y recomendaciones.

Ello llevó, entre otras cosas, a que la alta Comisionada pidiera una moratoria[27] en el uso y venta de tecnologías de captación de datos y comunicaciones, así como destrucción de registros hasta que se promuevan, se acepten y se cumplan con estándares internacionales.

Pide además aumentar drásticamente la transparencia en el manejo y administración de estos procesos, lo que impacta, necesariamente y dado los contextos fácticos relatados solo en los casos más emblemáticos, en el respeto a la actuación libre de los periodistas.

En suma: la situación es de por sí grave. De acuerdo con «Forbidden Stories»[28] por lo menos 180 periodistas de 21 países fueron objeto de vigilancia ilegal por aplicación del Pegasus, según filtraciones de información de una casuística de cincuenta mil teléfonos seleccionados por el programa,

26. https://documents-dds-ny.un.org/doc/UNDOC/GEN/N13/449/50/PDF/N1344950.pdf?OpenElement. Resolución aprobada por la Asamblea General el 18 de diciembre de 2013 [sobre la base del informe de la Tercera Comisión (A/68/456/Add.2)] 68/167 «El derecho a la privacidad en la era digital».
27. The right to privacy in the digital age Report of the United Nations High Commissioner for Human Rights https://news.un.org/es/story/2021/09/1496782
28. https://forbiddenstories.org/pegasus-project-impacts-map/

a la que Amnistía Internacional y Forbidden Stories accedieron, producidas desde 2016 en adelante.

No alcanza con regular. Aún más allá de la «Commision of Venice»[29] y de las reglas de la UE sobre e-privacy, o la Declaración del Consejo de Ministros de 2013 sobre vigilancia y «digital tracking», es imprescindible una moratoria de datos y registros tomados sin respetar esos estándares —debidamente tallada por los concernimientos lógicos y las consecuencias de tales decisiones—, y a escala global, por las propias características del uso de los sistemas. La futura determinación de estándares debe ser efectivamente apropiada para los criterios los órganos de los sistemas de protección derechos humanos y susceptible de una verificación transparente. De lo contrario, la tarea periodística, y la vida misma de todos nosotros, estará bajo un intolerable —aunque sigiloso— asedio.

29. European Commission for Demoracy Throrough Law (Venice Commission) 2007: Report on the Democratic Oversight of the Security Services. http://www.venice.coe.int/webforms/documents/?pdf_CDL-AD(2007)016-e

Capítulo 6

TOR y la libertad de expresión en red

TOR and free speech online

David J. Fernández Amorós
Universidad Nacional de Educación a Distancia

Resumen

Las conexiones de internet no se diseñaron para ser anónimas. Nuestro proveedor de internet o el dueño del wifi al que nos hayamos podido conectar, pueden saber a qué webs nos conectamos, incluso almacenar esta información por requerimientos legales. En algunos casos, además del destino, se puede conocer el contenido de las comunicaciones. Para evitar estos riesgos, se desarrolló la red TOR. En esta red, el mensaje, su origen y su destinatario se cifran en varias capas, que se van pelando a medida que progresa la comunicación por nodos intermedios de la red. También es posible alojar páginas web en la red TOR, de forma que es muy difícil saber quién es el creador. Para dificultar la identificación, explicamos como usar la menor cantidad de información personal. El anonimato en internet no solo resulta atractivo para activistas de la libertad de expresión, como Julián Assange o Edward Snowden, sino también criminales como en el caso de «La ruta de la seda». Por ello, los cuerpos policiales de todo el mundo han invertido cuantiosos recursos en anular este anonimato. Aunque el grado de éxito de estas iniciativas es desconocido, la red TOR sigue siendo una buena herramienta para mantener la privacidad online.

Palabras clave

TOR – libertad de expresión – internet

Abstract

Online connections were not designed to be anonymous. Our internet service provider, or the owner of the wifi we use, can find out which webs we visit, and even be legally required to store that information. In some cases, the content of the communication can also be accessed. To avoid these risks, the TOR network was developed. In it, the source, destination and content are encrypted in several layers, which are peeled off along the way by intermediate nodes. It is also possible to host web pages in the TOR network, to obscure the identity of the creator. We show how to minimize the amount of personal information disclosed while using the network. Online anonymity allures not only free speech advocates such as Julian Assange or Edward Snowden, but also criminals, as in the «Silk Road» case. For this reason, police forces around the world have invested considerable effort in circumventing this anonymity. Although the degree of success of these initiatives is unknown, the TOR network continues to be a useful tool to maintain online privacy.

Keywords

TOR – free speech – internet

INTRODUCCIÓN

Nuestros movimientos en internet son rastreados continuamente. Unas veces por motivos legales, otras comerciales, y en otros casos más grises por agencias de inteligencia de todo tipo. Para contrarrestar estos comportamientos, es recomendable adoptar estrategias de protección. En este capítulo haremos hincapié en la privacidad de la navegación web usando la red Tor, que anonimiza de forma efectiva el origen, el destino y el contenido de la navegación y haremos un breve repaso de los usos que esta herramienta brinda tanto para usos positivos, como la filtración de documentación comprometida o para respaldar la libertad de expresión, como de usos negativos como la comisión de delitos comunes o la desanonimización de sus usuarios.

La navegación habitual por internet es un proceso con una baja expectativa de privacidad. Es relativamente sencillo controlar el origen, el destino y el contenido de las comunicaciones ajenas, y almacenarlo mientras resulte útil. Por esos motivos, no resulta razonable tener ninguna expectativa de privacidad. Lógicamente, existen mecanismos básicos de protección, como la «navegación segura» con el protocolo https, que cifra el contenido de los mensajes para comunicarnos de forma relativamente segura con, por ejemplo, nuestro banco o nuestro proveedor de correo electrónico, pero, aunque este protocolo ofrece cierto nivel de seguridad, no incorpora ningún mecanismo de privacidad, e.d., el origen y el destino de nuestras comunicaciones sigue siendo accesible a una serie de actores.

Para entender con más detalle los desafíos que resultan de la navegación por internet, hay que preguntarse, ¿cómo funciona una conexión normal por internet? A modo de ejemplo, supongamos que queremos acceder a la página web de un diario como elpais.com. Los pasos que se siguen dentro la computadora serían los siguientes:

1. La llamada al servidor de dominios de internet (DNS en inglés), que traduce de elpais.com a una dirección IP, como 2.17.217.201.
2. La conexión propiamente dicha, que pediría la página web solicitada.
3. La recepción del mensaje con la página web que hemos pedido.

El proveedor de servicios de internet registra que nos hemos conectado a elpais.com, y lo guarda junto con la fecha y hora y nuestra dirección IP, que puede usarse para identificar al titular de la línea. Por desgracia, la comunicación por internet no es directa, sino que la información pasa a través de una serie de ordenadores intermedios. El motivo es el mismo que en el caso de la red telefónica; no podemos tener un cable entre cada dos teléfonos fijos. Este problema se solucionó a principios del siglo XX con las famosas operadoras, que insertando clavijas en un tablero creaban un circuito específico para cada llamada. Su trabajo quedó obsoleto con las centrales automáticas de conmutación. En internet ocurre el mismo proceso, por lo que la información que generamos y que requerimos pasa por un número relativamente reducido de nodos jerárquicos, y quien controla esos nodos, controla internet. El primer punto en esta lista de pasos intermedios es nuestro proveedor de servicios de internet, que sabe mucho sobre nosotros: básicamente guarda una lista de cualquier sitio al que nos conectamos. Si le preguntáramos si nos espía, probablemente nos diría que no, pero por otro lado guardan registros de toda nuestra actividad en internet por imperativo legal. Es verdad que solo guardan metadatos, e.d., fecha y hora de cada conexión, así como el origen y del destino, pero esta información por sí sola puede ser sumamente reveladora de nuestra intimidad, puesto que revela nuestros hábitos e incluso nuestra localización física en un momento dado, que para la mayoría de las personas que usan un teléfono móvil, equivale a nuestra localización en todo momento.

La conexión no es anónima ni secreta. Nuestro proveedor de internet conoce el origen y destino, además del contenido de la comunicación. El servidor de destino, elpais.com en este caso, también conoce nuestra dirección.

Si pensábamos que el proveedor de internet tenía demasiada información, hay que considerar que, si nos conectamos a una red wifi ajena, como en un centro comercial o aeropuerto, la cosa puede ser mucho peor. También van a saber todo lo que hacemos, solo que probablemente hemos aceptado «los términos y condiciones del servicio», algún documento legal con un gran número de páginas, sin siquiera leerlo. Es altamente probable que entre dichas condiciones se incluya recopilar un perfil de navegación, e incluso de localización, y quién sabe qué más. Desde el punto de vista de la seguridad y privacidad, es mejor evitar estos servicios salvo caso de extrema necesidad, de lo contrario es mejor usar nuestros datos del móvil, aunque esto puede matizarse mucho con la entrada en vigor de las «supercookies» (Ramos, 2023)[1] de las operadoras móviles.

Para los viajeros frecuentes, esto es un problema porque en un hotel o en un apartamento turístico es altamente probable que obtengan unos ingresos extra a base de vender nuestro perfil de navegación a terceros. Si tenemos una red privada virtual (VPN en inglés) profesional, es recomendable utilizarla, porque así en el alojamiento no sacarían nada en claro. Si queremos hacer un uso no profesional del cual no queremos que se enteren en nuestro trabajo, las posibilidades se reducen más.

I. COMO MEJORAR NUESTRA PRIVACIDAD EN LA RED

Para mejorar la privacidad de la navegación en red, tenemos varias posibilidades, en orden de menor a mayor protección:

1. La navegación privada. Esto hay que tomarlo como un chiste. Nos protege básicamente de la gente con la que compartimos el ordenador, que no verá el historial ni las cookies. El proveedor de internet o del wifi seguirá sabiendo exactamente lo que hemos hecho. El grado de protección es casi nulo.

2. DNS sobre HTTPS (DoH). En este caso, la llamada al DNS está cifrada, de forma que nuestro proveedor solo sabe que hemos llamado a un DNS (hay muchos, incluso públicos), pero no sabe qué dirección hemos pedido. Aun así, luego verá que nos hemos conectado a 2.17.217.201, por lo que puede hacer fácilmente una bús-

1. (13 de Febrero de 2023). *Llega la super cookie de los operadores móviles*. Obtenido de Diario de Mallorca: https://www.diariodemallorca.es/economia/diario-de-negocios/2023/02/13/llega-super-cookie-operadores-moviles-82900630.html

queda inversa y comprobar que es elpais.com, por lo que la protección es escasa.

3. Proxies o anonimizadores. Esta tecnología se popularizó en los años noventa. El funcionamiento es simple. Hay que conectarse a un servidor para todo el tráfico y se supone que este servidor no guarda registro. La operativa es sencillísima: para cualquier dirección de internet añadimos al principio el nombre del proxy: Supongamos que nuestro anonimizador se llama nombreproxy.com. Entonces en la barra de direcciones del navegador tecleamos nombreproxy.com/elpais.com. El tráfico se puede seguir fácilmente hasta el proxy, pero allí se pierde el rastro y no se puede llegar hasta nosotros. Se rumorea que así navegaba el FBI antiguamente, garantizando el anonimato en las comunicaciones a sus empleados.

4. VPN: Los anonimizadores evolucionaron de forma natural en las VPN. El concepto es básicamente el mismo, solo que añaden cifrado para proteger el contenido del mensaje, además del origen y destino. Algunas permiten fingir que tu origen está en un país concreto, un truco que a menudo se utiliza para adquirir servicios online con origen en un país más barato que el nuestro o para saltarse el «geofencing», es decir, el bloqueo de servicios a otros países. El problema de las VPN es el mismo de los anonimizadores; la confianza: Si no te fías de tu proveedor de internet, que normalmente es una gran compañía de telecomunicaciones, ¿por qué te ibas a fiar de una empresa de VPN que no conoces de nada? Hay insistentes rumores de que muchas de estas empresas son una estafa; ganan dinero cobrando al usuario y luego vuelven a ganar vendiendo sus patrones de navegación (que es justo lo que tenían que proteger), produciendo una falsa sensación de seguridad (Draugr, 2022)[2].

5. El enrutado de la cebolla, Tor. El concepto es parecido al del anonimizador y las VPN, pero hay más servidores involucrados y en principio no tienen relación entre ellos. La información va pasando de uno a otro hasta llegar a su destino. Además, la información va cifrada. Hollywood ha hecho una gran labor divulgativa al representar estas conexiones en las películas: Cuando atacan los hackers se ve un mapamundi y unas líneas que se mueven de un sitio a otro, para indicar que el origen de los ataques parece moverse por todo el planeta y no se puede rastrear.

2. Las VPN no son la Solución Definitiva que te están vendiendo en YOUTUBE. https://www.youtube.com/watch?v=szTb1BycyoE. Julio 2022.

II. EL RUTEO DE LA CEBOLLA

Antes de entrar en los pormenores del funcionamiento de la red Tor, es conveniente explicar algunos conceptos previos. Lo primero, el concepto de clave asimétrica: Clave pública y clave privada. Son claves que se puede aplicar para cifrar o descifrar un mensaje. Sus características son las siguientes:

Se generan a la vez. Lo que se cifra con una, se descifra únicamente usando la otra.

Una se la decimos a todo el mundo; se convierte en nuestra clave pública. La otra nos la guardamos, y se convierte en nuestra clave privada.

Para firmar un documento, se puede cifrar la información con nuestra clave privada y cualquiera puede comprobar la autenticidad del mensaje usando nuestra clave pública para descifrar. El hecho de que la consigamos descifrar demuestra que previamente había sido cifrada con la clave privada.

Para enviar un mensaje cifrado, ciframos con la clave pública del destinatario, de forma que solo el destinatario puede descifrar el mensaje con su clave privada.

Cuando entramos en la red Tor, se genera un circuito seguro, es decir, una lista de servidores (normalmente 3, pero pueden ser más) de tal manera que la información va pasando de uno a otro. El último servidor conecta con el destino. Cada servidor de la red tiene una clave pública y otra privada.

La cebolla consiste en que antes de empezar vamos a cifrar el mensaje con las claves públicas de los nodos (servidores) del circuito, de la siguiente forma:

1. Ciframos el mensaje (que contiene la dirección de destino y tal vez más cosas) con la clave pública del nodo 3 (el nodo final de la red). Solo el nodo 3 puede descifrar lo que le llegue. Esta capa envolvería el corazón de la cebolla, que sería nuestro mensaje.

2. Añadimos que la siguiente parada por ahora es el nodo 3 y ciframos el resultado del paso anterior con la clave pública del nodo 2. Solo el nodo 2 puede descifrar el mensaje (que de todos modos seguirá estando cifrado por la clave pública del nodo 3).

3. Añadimos que el siguiente destino es el nodo 2 y ciframos con la clave pública del nodo 1. Ahora tenemos tres capas ya en la cebolla.

Ahora podemos enviar la información al nodo 1. Si hay alguien espiando, como nuestro proveedor de internet, no podría descifrar el contenido ni saber por dónde sigue el circuito. El nodo 1 descifra con su clave privada y descubre que tiene que enviar el mensaje descifrado al nodo 2. El nodo 2 descifra con su clave privada el mensaje y descubre que tiene que enviarlo al nodo 3. El nodo 3 descifra con su clave privada el mensaje y descubre el mensaje original y el verdadero destinatario del mensaje.

1. ¿Por qué esto permite el anonimato?

1. El nodo 1 conoce el origen de la comunicación, pero no conoce el mensaje ni a quién va dirigido.

2. El nodo 2 no conoce el mensaje, ni el origen de la comunicación, ni el destino.

3. El nodo 3 no conoce el origen, pero conoce el mensaje y el destino.

Para descubrir la comunicación, los tres nodos tendrían que ser maliciosos, algo poco probable porque se eligen al azar entre miles de servidores disponibles. El nodo final, llamado nodo de salida es quizás el más peligroso; si es malicioso, se pueden buscar correlaciones temporales de tipo estadístico para intentar averiguar el origen. Esto solo es posible para alguien con muchos medios, como podría ser un servicio de inteligencia estatal y focalizado en comunicaciones concretas, es decir, no es apropiado para el espionaje sistemático. En cualquier caso, el último nodo conoce el texto del mensaje.

Este método no sería de mucha utilidad si solo funcionara en una dirección. Afortunadamente, la red Tor permite que nos respondan al mensaje: El antiguo receptor puede generar una respuesta, por ejemplo, la página web que queríamos visitar, que pasaría al nodo 3, que a su vez la envía al nodo 2, que la envía al nodo 1 y de vuelta a nosotros.

Este modo de comunicación original fue perfeccionado más tarde en una «segunda generación» (Roger Dingledine, 2023)[3] que solucionaba algunas debilidades de concepto, e incluyó el uso de claves de cifrado simétricas que son borradas después de su uso, por lo que el grado de protección es mucho mayor. Aunque la analogía de la cebolla pierde validez, se ha conservado en el nombre de la red y en los logotipos de las aplicaciones.

3. *Vid.* Tor: The Second-Generation Onion Router. Tor project. https://svn-archive.torproject.org/svn/projects/design-paper/tor-design.html. Consultado el 23 de marzo de 2023.

Algunos países bloquean los nodos de la red Tor, entre ellos los habituales del «eje del mal» de turno (China, Rusia, Irán, Corea del Norte). Para evitar esto, existen unos nodos especiales llamados «puentes» que parecen servidores normales y corrientes para evitar el bloqueo.

Cuantos más nodos intermedios pongamos, más lenta será la comunicación (el proceso de cifrado y descifrado lleva su tiempo y su consumo energético). Este sistema de enrutado de la cebolla fue diseñado por matemáticos e informáticos del Laboratorio de Investigación Naval de EE. UU para poder navegar de forma anónima por internet a mediados de los 90 (Dune, 2014)[4].

III. COMO NAVEGAR DE FORMA PRÁCTICA POR LA RED TOR

Para navegar por la red Tor, lo más fácil y recomendable es utilizar Tor Browser. Se trata de un navegador conectado a la red Tor. El uso de un navegador específico simplifica mucho navegar de forma anónima. Técnicamente se trata de un navegador Firefox retocado. Tiene preajustes para distintos niveles de seguridad.

Mediante la red Tor se puede acceder a páginas web normales, pero también es posible acceder a otras páginas que antes se denominaban servicios ocultos y ahora servicios cebolla. Es la famosa «darknet»: páginas web que están ocultas a la navegación normal, pero sí están disponibles dentro de la red Tor. Se distinguen porque la dirección web tiene una larga lista de números y acaba en «onion». Este tipo de páginas permite, por ejemplo, que un disidente político pueda publicar un blog con sus opiniones o coordinarse con otros en un sitio web cuya dirección física sea muy difícil de averiguar. Por el contrario, un servicio cebolla también es un buen lugar para poner una tienda de drogas, armas y sicarios en internet (posiblemente falsa) sin que nadie sepa quién se esconde detrás.

Tor permite la navegación anónima, pero el usuario debe tomar ciertas precauciones para no dejar pistas. Por ello, Tor Browser no permite cookies y desaconseja el uso de extensiones del navegador que podrían chivar la dirección IP real. Hay varios perfiles de seguridad, en el más alto no se permite la ejecución de Javascript (e.d., páginas web que ejecutan programas en el ordenador del usuario).

Aparte de esto, no se aconseja usar cuentas de usuario de redes sociales, correo electrónico, etc., porque estos servicios van a saber quiénes

4. *Vid.* The Inside Story of Tor, the Best Internet Anonymity Tool the Government Ever Built. Bloomberg. 23 de Enero de 2014.

somos... a no ser que siempre accedamos desde la red Tor y no hayamos proporcionado datos personales identificativos. Aquí se encuentra cierta contradicción; seguir las recomendaciones de anonimato te puede proporcionar un alto grado de anonimato, pero limita mucho las posibilidades. Comunicarse con gente aleatoria sin decir nada personal es muy seguro, pero no parece lo más interesante del mundo ni útil del mundo, y si no que se lo digan a Chatroulette (Chatroulette, 2023)[5]. Incluso Edward Snowden, el filtrador del espionaje sistemático realizado por la agencia de seguridad nacional de EE. UU (NSA en inglés) después de huir de su país, se comunicaba con los periodistas Glenn Greenwald y Laura Poitras para que publicaran sus filtraciones de seguridad en The Intercept (The Intercept, 2023)[6] y para el documental sobre su vida Citizenfour (Poitras L., 2014), respectivamente. Y no se encontraron por casualidad... así que no respetaron las normas al 100%. La historia de Snowden fue contada de nuevo por Oliver Stone (Stone, 2016), y finalmente en la autobiografía de Snowden (Snowden, 2019)[7].

También se recomienda conectarse a sitios https, (e.d., con cifrado, la s es de seguro) ya que el nodo de salida puede ver el mensaje tal cual (así que mejor que esté cifrado). Es justo mencionar aquí el uso del protocolo HTTPS se ha generalizado solo a partir de las revelaciones de Snowden. Según Snowden, el ejército de USA espiaba sistemáticamente las comunicaciones de Microsoft, Yahoo!, Google, Facebook, Paltalk, YouTube, AOL, Skype y Apple (Poitras B. G., 2013)[8] cuya reacción consistió en cifrar a la mayor brevedad todo el tráfico. De hecho, un navegador moderno nos advertirá si nos conectamos a un sitio web «no seguro», cosa que solía ser la norma.

Como curiosidad, la navegación por la red Tor ha mejorado muchísimo su velocidad con los años. Con la mejora de la velocidad de internet y la reducción del circuito seguro a solo tres nodos se puede ver un vídeo de YouTube, por ejemplo, sin problemas, hecho que hubiera sido imposible hace solo unos pocos años. Antiguamente se pensaba que cuantos más nodos intermedios hubiera en el circuito, mayor era la seguridad, pero hoy en día hay dudas razonables al respecto. Es un hecho que la navegación por la red Tor se hace un tanto incómoda. Para empezar, los servicios web piensan que estamos localizados en el nodo de salida, por lo que podemos

5. https://chatroulette.com. Consultada el 24 de marzo de 2023.
6. The Intercept. Snowden archive. https://theintercept.com/collections/snowden-archive/. Consultado el 23 de marzo de 2023.
7. Edward Snowden: Permanent récord. Publicado por Henry Holt and Company. 2019.
8. The Washington Post: US Intelligence Mining Data from Nine U.S. Internet Companies in Broad Secret Program. 28 de junio de 2013.

encontrar que la página de Google esté en alemán, por ejemplo. La ausencia de cookies, de ejecución de Javascript y el uso de buscadores especializados en direcciones onion, unido a la falta de extensiones (como bloqueadores de publicidad y trackers comerciales) hace que la navegación por la red Tor sea un tanto incómoda, casi como estar de vuelta en los años 90.

Hay más servicios disponibles en la red Tor, aparte de la navegación web, para compartir ficheros y mensajería instantánea, pero requiere instalar más aplicaciones y su uso no es aún tan popular como la navegación.

IV. CÓMO DESANONIMIZAR USUARIOS DE TOR

Aunque la red Tor nació con el objetivo de mejorar la privacidad en la red, la policía y los servicios secretos tienen el objetivo, más o menos justificado, de romper esa privacidad. La red Tor es una red abierta, de forma que cualquiera puede poner servidores de internet a trabajar en la red Tor. La idea es que, si hay muchos nodos, es más difícil que un actor malicioso controle una gran proporción de ellos, lo que mejora la seguridad. Es una forma de prevenir que todos los nodos de un circuito seguro sean maliciosos. Lo cierto es que a veces aparecen muchos nodos nuevos en poco tiempo. Es una inversión económica importante y nadie se atribuye el mérito, lo cual resulta muy sospechoso.

1. Ataques más sofisticados

El periódico The Guardian publicó una presentación de PowerPoint de Edward Snowden sobre cómo atacar la red Tor titulada «Tor apesta» (The Guardian, 2013)[9]. Los ataques que describe requieren una ingente cantidad de recursos y la capacidad de «pinchar» los cables de internet prácticamente a voluntad. Es difícil saber qué da más miedo, si los ataques a la privacidad en sí, o el reconocimiento tácito de la capacidad para pinchar cables y los ingentes recursos que puede desplegar la NSA para des anonimizar a los usuarios de Tor. Snowden destapó el espionaje sistemático e indiscriminado a través de programas de la NSA como PRISM, que sería el sucesor de otros programas de espionaje anteriores como Echelon. Otras fuentes han revelado que en el Reino Unido se intercepta la totalidad del tráfico web y se almacena durante varios días, por lo que funciona como una especie de máquina del tiempo al pasado de las comunicaciones. Dada la ingente cantidad de información generada al día, es difícil que estos viajes en el tiempo superen los tres días, pero esto podría cambiar en el futuro. Las revelaciones de Snowden aceleraron la implantación de los protocolos de

9. The Guardian. https://www.theguardian.com/world/interactive/2013/oct/04/tor-stinks-nsa-presentation-document. 4 de Octubre de 2013.

comunicación web cifrados como HTTPS, como hemos mencionado, pero también el cifrado de extremo a extremo en las aplicaciones de mensajería instantánea como WhatsApp y Telegram. En cualquier caso, la opinión de Snowden, quien ha recibido la nacionalidad rusa a finales de septiembre de 2022, es que «podemos des anonimizar a algunos usuarios, pero no a la mayoría de los usuarios la mayor parte del tiempo». Paradójicamente, Snowden filtró esta presentación usando la red Tor, de manera que el uso de esta red para salvaguardar el derecho a la libertad de expresión de forma segura queda validado, ya que, a día de hoy, todavía no lo han detenido.

A pesar de ello ha habido operaciones de fuerzas de seguridad sospechosas, como la operación policial onymous (quitar el prefijo an- en anonymous, indicando que ya no son anónimos) en Países Bajos. En España, es de obligada referencia la noticia de la caída de la «cúpula de Anonymous» en las operaciones Araña con las incautaciones de máscaras de Guy Fawkes como elemento incriminatorio y el posterior ridículo cuando los casos han sido sobreseídos.

La policía española ha comprado una aplicación de una empresa, israelí, como es frecuente en estos asuntos, llamada «bestia oscura» (para la red oscura), que más allá de la publicidad, parece una especie de Google de los servicios cebolla, lo cual testimonia el interés en el tema (González, 2022)[10].

2. Usuarios famosos de la red Tor

Podría argumentarse que el usuario más famoso de la red Tor hasta el momento es Ross William Ulbricht, que utilizaba como apodo Dread Pirate Roberts (el pirata de «La princesa prometida») fundador de Silk Road (la ruta de la seda en español), un auténtico «marketplace» del crimen escondido en la darknet. Esta especie de Amazon del mal, o más propiamente, Amazon ilegal, amasó una fortuna en bitcoins, llegando a tener más de un millón de usuarios registrados. Se calcula una facturación de 1200 millones de dólares y unos beneficios para Ulbricht de 80 millones. Los detalles de la operación policial son elusivos, pero hay quien dice que el FBI colocó servidores maliciosos en la red Tor hasta controlar aproximadamente el 30% de los nodos (y, por tanto, el 30% de los nodos de salida), que son, como hemos dicho los que conocen el mensaje y el destino. Análisis de tipo estadístico y un poco de espionaje en los cables de internet pueden dar pistas sobre el origen de los mensajes. La paranoia es libre y uno puede pensar que usar Tor es más inseguro que la navegación normal, ya que tiene pocos usuarios con algo que ocultar y que todo podría

10. *Vid.* El Español: La Bestia Oscura, el nuevo y potente software israelí de la Policía Nacional para vigilar la Dark Web. 19 de septiembre de 2022.

ser un engaño descomunal para encontrarlos con más facilidad que tener que vigilar a miles de millones de personas. Conocemos personalmente a gente de esta opinión. Después de los casos de las VPNs deshonestas, hay que tenerlo en consideración.

Sin embargo, otros atribuyen el arresto de Ulbricht a técnicas policiales tradicionales; Ulbricht cometió varios errores. Utilizó un alias para promocionar su servicio haciendo astroturfing (es decir, fingiendo ser un ciudadano sin relación con el portal). Este alias fue utilizado en un mensaje buscando un experto en bitcoin y la dirección proporcionada fue su dirección de Gmail con su nombre y apellido real (un error de principiante). Al final fue detenido en un cibercafé en San Francisco en 2013. En cualquier caso, fue necesario proporcionar pruebas incriminatorias en el juicio, que fueron obtenidas de su portátil, en el que guardaba la contabilidad de sus negocios. De haber sido un poco más espabilado, quizás todavía seguiría en libertad, pero lo cierto es que el FBI había convertido el caso en una prioridad, para evitar que la situación fuera a más.

El negocio era demasiado bueno para dejarlo morir, así que otro emprendedor decidió retomar el negocio con el poco original, pero efectivo nombre de Silk Road 2, para aprovechar la imagen de marca, pero fue detenido en pocos meses.

La red Tor es también un lugar ideal para esconder botnets (redes de ordenadores zombies hackeados sin que sus dueños lo sepan, así como para denunciar cuentas de redes sociales de forma anónima y conseguir la anulación de la cuenta. Varios «influencers» especialistas en seguridad han denunciado campañas de este tipo.

Edward Snowden es otro de los más famosos usuarios de la red Tor. Sus problemas físicos le llevaron a un cambio profesional, del ejército de EE. UU a subcontratado de la NSA. El trabajo de espionaje generalizado, incluyendo hasta a UNICEF, le llevó a robar y difundir datos de los programas secretos de espionaje estadounidense, tras lo cual protagonizó una fuga de película a través de varios países y con invitados de honor como Evo Morales, cuyo avión fue registrado en busca del fugitivo Snowden. Las numerosas sugerencias de recibir un perdón presidencial han caído hasta ahora en saco roto. En la actualidad trabaja en Moscú.

Otro activista de los derechos humanos que ha realizado un extenso uso de la red Tor es Julian Assange, quien guarda ciertas similitudes con Snowden. Al igual que Snowden, Assange realizó el paso de hacker a divulgador de sucios secretos de estado y a fugitivo. Assange fue considerablemente menos afortunado que Snowden, ya que actualmente se encuentra en prisión en el Reino Unido, tras haber pasado años refugiado en la embajada de Ecuador en Londres. Sus problemas legales probablemente fueron un aviso para Snowden, quien desarrolló un elaborado plan de fuga, cuyos detalles no son completamente conocidos. Assange fundó WikiLeaks, un sitio web que hacía pública información sensible. La fuente más conocida de Assange fue Chelsea Manning, un antiguo militar que filtró a WikiLeaks miles de cables diplomáticos que Assange hizo públicos en su página web. Manning cumplió prisión militar hasta que fue indultado por el presidente Obama. Assange fue detenido en Suecia por un supuesto caso de abusos sexuales y extraditado a Reino Unido. Tras su escapada a la embajada de Ecuador, fue encarcelado en la prisión de máxima seguridad de Belmarsh, donde continúa esperando la decisión final sobre su extradición a EE.UU. Se da por hecho que Assange hizo un uso intensivo de la red Tor, tanto en su época puramente de hacker como en WikiLeaks, durante la que se consideraba a sí mismo como periodista o al menos, editor. Este último detalle es bastante controvertido puesto que la labor de un editor suele incluir asegurar el anonimato de terceros, cosa que Assange no realizó, puesto que, en muchos casos, los cables diplomáticos que publicó contenían datos personales de miembros de la comunidad de inteligencia. Otra cuestión un tanto gris en el comportamiento de Assange es la cuestión relativa a la creación de WikiLeaks. Si bien es cierto que el sitio animaba a realizar filtraciones anónimas, el sitio no adquirió notoriedad hasta las primeras revelaciones de información confidencial. Algunos apuntan a que Assange adquirió un gran volumen de información confidencial hackeando de forma ingeniosa la red Tor, creando nodos maliciosos que simulaban ser el nodo de salida, el cual, recordemos, tenía acceso a la información sin cifrar (Zetter, 2010)[11]. Según dichas fuentes, Assange recopiló información durante años previamente al lanzamiento de WikiLeaks. Para completar la historia espectacular de Assange, quien era consciente del peligro en el que incurría, reveló un fichero cifrado a modo de seguro de vida y lo distribuyó a través de la red pública BitTorrent. Se especula con que, en caso de su muerte, la clave de descifrado será revelada y la información del «seguro» se hará pública.

Las revelaciones de WikiLeaks y Snowden fueron el prólogo de una era de filtraciones de información presuntamente delictiva, como los papeles de Panamá, Football leaks, Paradise papers o los papeles de la Castellana, por citar solo unos pocos.

11. *Vid.* Wired: WikiLeaks Was Launched With Documents Intercepted From Tor. 1 de junio de 2010.

Si bien la actividad de WikiLeaks ha decaído últimamente, ha servido de inspiración para iniciativas similares en nuestro país, como el buzón xnetleaks (X-net, 2023)[12] o el buzón filtralá, creado por la Associated Whistleblowing Press, usando la tecnología de la red Tor y usado por medios españoles como eldiario.es, infolibre, la revista Mongolia e incluso Facua.

Como ocurre habitualmente con los hackers, los usuarios famosos de Tor son los que han sido descubiertos o han revelado voluntariamente su identidad, pero los más poderosos continúan siendo anónimos.

CONCLUSIONES

La red Tor es una herramienta bastante efectiva y fácil de usar para mantener el anonimato en internet. Se trata de una herramienta un tanto incómoda, pensada para un proteger un uso esporádico de la web. Es útil para criminales, como hemos visto en el caso de Silk Road, pero también para gente honrada harta del seguimiento de las corporaciones, para denunciantes de corrupción o comportamientos poco éticos o ilegales, como en el caso de Snowden o Assange, o incluso para gente que quiere ahorrarse algún dinerillo, aunque hay probablemente hay herramientas mejores para ello.

En la red Tor se da una especie de «carrera armamentística»: Fue desarrollado por unas ramas del gobierno de EE. UU y está siendo atacado por otras agencias del mismo gobierno, como el FBI y la NSA, aunque ellos mismos también las usan internamente. Por otra parte, algunos de sus usuarios más conocidos son expertos en cruzar la línea entre usuarios honrados y el espionaje profesional.

BIBLIOGRAFÍA

CHATROULETTE. (23 de Marzo de 2023). Chatroulette. Obtenido de Chatroulette: Chatroulette.

DUNE, L. (23 de Enero de 2014). The Inside Story of Tor, the Best Internet Anonymity Tool the Government Ever Built. Bloomberg.

DRAUGR, L. (Julio de 2022). Las VPN no son la Solución Definitiva que te están vendiendo en YOUTUBE. Obtenido de YouTube: https://www.youtube.com/watch?v=szTb1BycyoE

GONZÁLEZ, I. (19 de Septiembre de 2022). La Bestia Oscura, el nuevo y potente software israelí de la Policía Nacional para vigilar la Dark Web.

12. https://xnet-x.net/es/el-blog-del-buzon-de-xnet/. Consultado el 23 de marzo de 2023.

Obtenido de El Español: https://www.elespanol.com/omicrono/tecnologia/20220919/bestia-oscura-software-policia-nacional-dark-web/702179894_0.html

JIMENEZ, J. (23 de Agosto de 2019). Redeszone. Obtenido de Redeszone.net: https://www.redeszone.net/2019/08/23/que-son-supercookies-diferencias-cookies/

POITRAS, B. G. (28 de Junio de 2013). US Intelligence Mining Data from Nine U.S. Internet Companies in Broad Secret Program. The Washington Post.

POITRAS, L. (Dirección). (2014). Citizenfour [Película].

RAMOS, J. M. (13 de Febrero de 2023). Llega la super cookie de los operadores móviles. Obtenido de Diario de Mallorca: https://www.diariodemallorca.es/economia/diario-de-negocios/2023/02/13/llega-super-cookie-operadores-moviles-82900630.html

ROGER DINGLEDINE, N. M. (23 de Marzo de 2023). Tor: The Second-Generation Onion Router. Obtenido de svn-archive.torproject: https://svn-archive.torproject.org/svn/projects/design-paper/tor-design.html

SNOWDEN, E. (2019). Permanent Record. Henry Holt and Company.

STONE, O. (Dirección). (2016). Snowden [Película].

The Guardian. (4 de Octubre de 2013). Tor Stinks presentation. Obtenido de The Guardian: https://www.theguardian.com/world/interactive/2013/oct/04/tor-stinks-nsa-presentation-document

The Intercept. (23 de Marzo de 2023). Snowden Archive. Obtenido de The Intercept: https://theintercept.com/collections/snowden-archive/

X-net. (23 de Marzo de 2023). X-net. Obtenido de https://xnet-x.net/es/el-blog-del-buzon-de-xnet/

ZETTER, K. (1 de Junio de 2010). WikiLeaks Was Launched With Documents Intercepted From Tor. Obtenido de Wired.com: https://www.wired.com/2010/06/wikileaks-documents/

Capítulo 7

Discoso de ódio contra a justiça e a imprensa no Brasil e as decisões do Supremo Tribunal Federal

Discurso de odio contra la justicia y la prensa en Brasil y las decisiones del Supremo Tribunal Federal

Luis Gustavo Grandinetti Castanho de Carvalho
Universidade do Estado do Rio de Janeiro

Caroline Rossy Brandão Fonseca
Tribunal de Justiça do Rio de Janeiro

Resumen

Este artículo busca analizar el creciente fenómeno del discurso de odio contra el Poder Judicial y la Prensa, presentando la cuestión de si es posible reconocer el discurso de odio contra un poder constituido, una institución. Para ello, se presentarán dos casos, entre los sucesivos ataques contra las instituciones democráticas practicados por el presidente de la República, en ese momento, Jair Bolsonaro, así como las violaciones de los derechos humanos de las minorías practicadas por él. Este trabajo pretende presentar los matices sobre el respeto a la libertad de expresión y examinar principalmente las decisiones del Tribunal Supremo que tangencian la celebración del discurso de odio contra el Poder Judicial y cómo esto afecta a la propia democracia.

Palabras clave

Discurso de odio – Poder Judicial – Tribunal Supremo – Democracia

Abstract

This article seeks to analyse the growing phenomenon of hate speech against the Judiciary and the Press, presenting the question whether it is possible to recognize the hate speech against a constituted power, an institution. To this end, two cases will be presented, among the successive attacks against democratic institutions practiced by the President of the Republic at the time, Jair Bolsonaro, as well as the human rights violations against minorities practiced by him. This work intends to present the nuances about the respect for freedom of speech and examine especially the decisions of the Supreme Court that tangent the hate speech against the Judiciary and how this affects democracy itself.

Keywords

Hate speech – Judiciary – Supreme Court – Democracy

Resumo

Este artigo busca analisar o fenômeno crescente do discurso de ódio contra o Poder Judiciário e a Imprensa, apresentando-se o questionamento se é possível reconhecer o discurso de ódio contra um poder constituida, uma institutico. Para tanto, serão apresentados dois casos, dentre os sucessivos ataques contra as instituições democráticas praticados pelo Presidente da República, à época, Jair Bolsonaro, bem como as violações de direitos humanos de minorias praticadas por ele. Pretende-se com este trabalho apresentar as nuances acerca do respeito à liberdade de expressão e examinar mormente as decisões do Supremo Tribunal Federal que tangenciam a celeuma do discurso de ódio contra o Poder Judiciário e como isso afeta a democracia em si.

Palavras-chave

Discurso de ódio – Poder Judiciário – Supremo Tribunal Federal – Democracia

INTRODUÇÃO

Ante o cenário político que permeava o Brasil no ano de 2021 e as prévias das eleições em 2022, em que foram constatados diversos ataques à Imprensa pelo então Presidente da República, Jair Bolsonaro, bem como pelos discursos de ódio contra o Poder judiciário e a imprensa, veio à baila a necessidade de reflexão se e possível reconhecer o discurso de ódio contra um poder constituído.

Para tanto, é imperioso analisar o leading case brasileiro acerca do discurso de ódio voltado para uma instituição, qual seja, o Poder Judiciário, julgado pelo Supremo Tribunal Federal-STF, trazendo, ainda, os precedentes que tangenciam o tema da liberdade de expressão no Brasil e na Corte Interamericana de Direitos Humanos.

Além disso, sem pretensão de esgotar o tema, este artigo sugere um estudo acerca da existência ou não de casos previstos na jurisprudência sobre conciliar o conceito de direitos humanos com a atividade jornalística e se o discurso de ódio contra a imprensa se enquadraria como sendo um atentado à ordem democrática.

I. LEADING CASE BRASILEIRO JULGADO PELO STF ACERCA DA PRÁTICA DE DISCURSO DE ÓDIO: APO 1044

O tema discurso de ódio é um tema novo para jurisprudência brasileira e o caso analisado neste artigo trata de uma ação penal envolvendo o deputado Daniel Silveira que integra o grupo político que apoiava o ex-presidente Jair Bolsonaro, e envolveu os crimes dos artigos 359-L e 344 do CP[1].

A base fática da ação penal foram manifestações do deputado nas redes sociais numa *live* ocorrida em 2021, na qual ele incitou a população a invadir a sede do STF na base da «porrada». Após ele cometeu a mesma conduta em um *tweet* em que conclamou as Forças Armadas a, também, invadirem o Supremo Tribunal Federal. Em outra *live* instigou que «o povo entre no do STF, agarre o Alexandre de Moraes pelo colarinho dele e sacuda a cabeça de ovo dele e o jogue dentro de uma lixeira» (sic). Por fim, em mais uma live disse ainda que o STF é «uma associação de merda» (sic)[2]. Pode-se dizer que foram mais dezenas de afirmações nesse mesmo sentido que conformaram a base fática que está descrita na imputação que o Ministério Público fez perante o STF.

1. Artigo 359, L, do Código Penal: incitar a prática do crime de tentar impedir, com emprego de violência e grave ameaça, o livre exercício de qualquer dos Poderes da União ou dos Estados; Artigo 344 do Código Penal: usar de violência ou grave ameaça, com o fim de favorecer interesse próprio ou alheio, contra autoridade, parte ou qualquer outra pessoa que funciona ou é chamado a intervir em processo judicial, policial ou administrativo, ou em juízo arbitral.
2. STF, APO 1044.

Convém esclarecer que, no ano anterior, em junho de 2020, houve um antecedente dessas mesmas agressões, em que um grupo de manifestantes se caracterizando-se como membros da Ku Klux Khan, vestindo roupas brancas e com tochas na mão compareceu à sede do STF e dispararam fogos de artificio em direção à fachada do prédio do STF.

As teses defensivas propostas foram a imunidade parlamentar e a alegação de que as manifestações constituiriam regular exercício da liberdade de expressão.

Não havia no Brasil, até esse momento, qualquer precedente sobre discurso de ódio na jurisprudência do Supremo Tribunal Federal brasileiro.

1. Três precedentes que tangenciavam o tema da liberdade de expressão

Antes de adentrarmos no *leading case* brasileiro sobre discurso de ódio, serão mencionados os três precedentes que tangenciavam o tema do discurso de ódio e da liberdade de expressão.

O 1.º caso foi tratado no Habeas Corpus n. 82424/RS, de 2003, em que foi negada a ordem para manter a condenação de escritor/editor que escrevera e publicara livro negando o holocausto, considerando que houve incitação ao racismo, o que constitui crime, mas esse caso não traz qualquer referência explícita sobre o discurso de ódio[3].

Já o 2.º caso abordou a omissão do Legislativo em editar lei para criminalizar a homofobia e a transfobia. Nesse caso, o STF determinou enquadrar tais condutas em tipos penais de uma lei antirracista (Lei n.º 7.716/89) até que sobrevenha legislação autônoma específica, referindo, expressamente, que a apologia ao ódio não pode ser considerado exercício da liberdade de expressão[4].

---

3. «14. As liberdades públicas não são incondicionais, por isso devem ser exercidas de maneira harmônica, observados os limites definidos na própria Constituição Federal (CF, artigo 5.º, § 2.º, primeira parte). O preceito fundamental de liberdade de expressão não consagra o "direito à incitação ao racismo", dado que um direito individual não pode constituir-se em salvaguarda de condutas ilícitas, como sucede com os delitos contra a honra. Prevalência dos princípios da dignidade da pessoa humana e da igualdade jurídica» (Voto do Ministro relator Moreira Alves).
4. O magistrado relator especificou que «É por tal razão que a incitação ao ódio público contra qualquer pessoa, povo ou grupo social não está protegida pela cláusula constitucional que assegura a liberdade de expressão. Cabe relembrar, neste ponto, a própria Convenção Americana sobre Direitos Humanos (Pacto de São José da Costa Rica), cujo Art. 13, § 5.º, exclui, do âmbito de proteção da liberdade de manifestação do pensamento, "toda propaganda a favor da guerra, bem como toda apologia ao ódio nacional, racial, ou religioso que constitua incitação à discriminação, à hostilidade, ao crime ou à violência"». ...(ADO 26/DF – Ministro Celso de Mello – 13/6/2019).

Por fim, o 3.º caso se refere a uma reclamação contra decisão do Tribunal de Justiça do Rio de Janeiro que proibiu a exibição de um vídeo contendo uma sátira sobre o Natal e os elementos religiosos inerentes ao Cristianismo. O STF, no caso, deu provimento ao recurso para liberar a exibição do filme ao argumento de que faltava o requisito da violência e, portanto, não se tratava de discurso de ódio[5].

Esse julgado é o único que abordou a incitação à violência como requisito para caracterizar o discurso de ódio, seguindo uma jurisprudência consistente do Tribunal Europeu de Direitos Humanos[6].

2. Julgados da Corte Interamericana de Direitos Humanos: referências genéricas ao discurso de ódio

Inexistem precedentes consistentes sobre o tema discurso de ódio na Corte Interamericana de Direitos Humanos. As referências existentes dizem respeito à liberdade de expressão[7]. Portanto no centro e no sul do Continente americano esse tema continua sendo novo.

No entanto, dois precedentes merecem ser citados no presente artigo, pois tratam fundamentalmente sobre os contornos da liberdade de expressão.

O Caso «Ricardo Caneses Vs. Paraguai» se deu em um debate de candidatos a Presidente da República, no qual o candidato Caneses chamou o outro candidato de *testa de ferro* de uma outra família de políticos. A Corte considerou que houve excesso nas restrições impostas pelo Paraguai, pois, embora o direito à liberdade de expressão não seja absoluto, as restrições devem ser necessárias e, no caso, não seriam.

No precedente «Claude Reyes e outros Vs. Chile», pessoas solicitaram informações sobre uma empresa potencialmente desmatadora e o governo

5. «A Proibição de divulgação de determinado conteúdo deve-se dar apenas em casos excepcionalíssimos, como na hipótese de configurar ocorrência de prática ilícita, de incitação à violência ou à discriminação, bem como de propagação de discurso de ódio. ...Obra que não incita violência contra grupos religiosos, mas constitui mera crítica, realizada por meio de sátira». (Recl 38.782 – Min Gilmar Mendes - 3/11/2020).

6. «...para la instancia judicial europea, el elemento essencial que determinaria la existência de un discurso de ódio sería la incitación a la violencia». *Vid.* ALCALÁ, Carmen Quesada. Tribunal Europeo y jurisprudência en matéria de discurso de ódio: existe um verdadero estândar de protección para la libertad de expressión?, *in* MARTÍN HERRERA (Edit.), *La Libertad de Expresión desde un Enfoque Global y Transversal en la Era de los Objetivos de Desarrollo Sostenible.* Navarra: UNED/ARANZADI, 2022, pp. 85-106).

7. *Vid.* PAMPLONA, Danielle Anne, e MORAES, Patricia Almeida. *O discurso de ódio como limitação da liberdade de expressão.* Quaestio Juris, volume 12, n.º 2, Rio de Janeiro, 2019, pp. 113-133.

chileno recusou a prestar as informações. Aqui a Corte entendeu que a recusa era indevida, pois violava o direito à informação e, consequentemente, à liberdade de expressão. Frisou-se, ainda, que as restrições ao direito de informação das pessoas devem ser necessárias sob pena de violação da liberdade de expressão, o que não ocorreu no caso.

II. O JULGAMENTO DA APO 1044: *LEADING CASE* – ÓDIO CONTRA O ESTADO DE DIREITO?

O caso brasileiro foge do parâmetro usual[8] de que o discurso de ódio consista num ataque contra minorias sociais, pois o discurso que nos referimos atinge um poder da república e, consequentemente, o estado de direito.

O STF afastou a imunidade parlamentar do Deputado Daniel Silveira, porque as manifestações exaradas não tinham conexão com a função parlamentar, pois as manifestações extravasaram as atividades parlamentares, pois teria ocorrido verdadeira incitação para a invasão e prática de atos violentos contra um ministro da Corte.

A Corte Suprema estabeleceu, ainda, que a liberdade de expressão não permite ataques ao estado de direito, razão pela qual o deputado foi condenando há 8 anos de prisão e suspensão dos direitos políticos.

Na ementa do julgado[9], o STF menciona expressamente o termo discurso de ódio, estabelecendo que a liberdade de expressão não permite a propagação de discursos de ódio e ideias contrárias à ordem constitucional e ao Estado de Direito. No entanto, o voto do Ministro Relator não caracteriza o que seja discurso de ódio e nem a necessidade de proteção de um poder da república contra esses discursos.

1. O Voto da Ministra Rosa Weber

8. «Como sabemos los delitos de ódio (de origem anglosajón como hate crimes) son los cometidos por razones de intolerância con el diferente o contra él...» *Vid.* DE LUCA. J. A., Desafíos actuales de la libertad de expresión y el derecho penal, *in* MARTÍN HERRERA (Edit.). *La Libertad de Expresión desde un Enfoque Global y Transversal en la Era de los Objetivos de Desarrollo Sostenible,* Navarra: UNED/ARANZADI, 2022, pp. 27-40).

9. AÇÃO PENAL ORIGINÁRIA. DEPUTADO FEDERAL. NÃO INCIDÊNCIA DE LIBERDADE DE EXPRESSÃO OU DE IMUNIDADE PARLAMENTAR (ART. 53, CAPUT, DA CONSTITUIÇÃO FEDERAL) NAS HIPÓTESES DE PROPAGAÇÃO DE DISCURSOS DE ÓDIO, IDÉIAS CONTRÁRIAS À ORDEM CONSTITUCIONAL E AO ESTADO DE DIREITO.4. A liberdade de expressão não permite a propagação de discursos de ódio e ideias contrárias à ordem constitucional e ao Estado de Direito (AP 1044 – Min. Alexandre de Moraes – 20/4/2022).

Dos onze ministros que integram o STF, a Ministra Rosa Webber foi a única que recorreu ao art. 10, 2.º, da Convenção Europeia dos Direitos do Homem para justificar a necessidade de impor restrição para, assim, garantir a autoridade e a imparcialidade do Poder Judiciário.

Nesse sentido, o supracitado dispositivo preceitua que o exercício da liberdade de expressão pode ser submetido a sanções previstas em lei, quando «(...) necessárias numa sociedade democrática, para a segurança nacional, a integridade territorial ou a segurança pública, a defesa da ordem e a prevenção do crime, a proteção da saúde ou da moral, a proteção da honra ou dos direitos de outrem, para impedir a divulgação de informações confidenciais, ou para garantir a autoridade e a imparcialidade do poder judicial».

No voto, a Ministra pontuou, ao examinar a compatibilidade convencional de restrições impostas à liberdade de expressão pelos Estados-membros, que a Corte Europeia de Direitos Humanos já admitiu a validade da condenação penal de ataques discursivos, quando proferidos fora do contexto do debate público sobre temas de interesse da comunidade[10].

Além disso, a Min. Rosa Weber fez questão de destacar que, a despeito do que alegou a defesa, não se trata de delito de opinião, pois os ataques feitos pelo Deputado aos Ministros atacaram a própria existência do Supremo Tribunal Federal, enquanto instituição, estando em pauta a defesa do estado democrático de direito.

2. O Voto do Ministro Gilmar Mendes

O Ministro Gilmar Mendes, em seu voto, optou por aderir à tese do perigo claro e iminente da doutrina americana[11] e também aderiu à doutrina alemã que prevê restrições a discursos, ações e manifestações antidemocráticas ou contrárias à ordem constitucional estabelecida.

O Ministro destacou que o Tribunal Penal Alemão[12] estabeleceu que, enquanto críticas que se refiram a temas de interesse público são comumente consideradas como abrangidas pela liberdade de expressão, qualquer ofensa

10. Cite-se, nesse sentido, o caso Janowski vs. Polônia (Application n.º 25.716/94).
11. *Vid.* Schenk vs. Estados Unidos.
12. No direito constitucional alemão, em síntese, a liberdade de expressão também possui a natureza de direito fundamental de primeira ordem. Contudo, também se admitem restrições pontuais previstas na legislação cível e penal, nos seguintes casos: a) em discursos, ações e manifestações antidemocráticas ou contrárias à ordem constitucional estabelecida; b)nos casos de ataques indevidos à honra das pessoas, que ocorrem nas situações de b.1) juízos depreciativos de mero valor, desvinculados de qualquer debate público de ideais ou de crítica de valor político, econômico ou social; b.2) injúria em razão da forma ou b.3) crítica aviltante (Voto do Ministro Gilmar Mendes na APO 1.044).

descontextualizada do debate e que descambe para a simples agressão ou violência pode ser considerada como passível de sanção cível ou criminal.

III. O ÓDIO CONTRA O PODER JUDICIÁRIO É ÓDIO CONTRA A ORDEN DEMOCRÁTICA?

Embora o STF não tenha se aprofundado em caracterizar o que seja discurso de ódio, nem tenha justificado de qué modo um poder da república poderia se incluir como vítima de tais discursos, ainda assim, concluiu que a liberdade de expressão não permite discurso de ódio contra o estado de direito.

Pode-se concluir, assim, que para o STF, ainda que não tenha havido conclusão expressa nesse sentido, discurso de ódio contra o Poder Judiciário é um ódio contra a ordem democrática e trata-se, assim, de um ódio ideológico. Portanto essa conclusão está amparada no conceito do discurso de ódio.

Há dois documentos europeus que amparam tal conclusão: a Recomendação n.º R 97 do Comitê de Ministros do Conselho da Europa (1997) e a Recomendação Geral n.º 15 da Comissão Europeia contra o Racismo e a Intolerância – ECRI (2015), entendem o discurso de ódio como a «intolerância com o diferente ou contra ele, por motivos ideológicos, religiosos, raciais, orientação sexual, etnia, opinião política e deficiência física». Ou seja, a violência contra alguém (especialmente contra um tribunal) por intolerância política é uma modalidade de discurso de ódio.

Entendemos que sería possível ao STF também ter recorrido à Convenção Americana de Direitos Humanos, que mesmo não prevendo expressamente o discurso de ódio contra um poder da republica ou contra a imprensa, estabelece no artigo 29 que «Nenhuma disposição desta convenção pode ser interpretada no sentido de: c) excluir outros direitos e garantias que são inherentes ao ser humano ou que decorrem da forma democrática representativa de governo».

Deste modo, ainda que a decisão do STF na AP 1044 seja econômica quanto a definir os contornos do discurso de ódio, bem como para justificar como um poder da república poderia ser vítima de discurso de ódio, e mesmo sem mencionar os documentos europeus no corpo do voto vencedor, ainda assim, seria uma condenação legitimada pela Corte Interamericana de Direitos Humanos, pela Constituição brasileira de 1988 e, especificamente, por uma recente lei brasileira, Lei 14.197/2021 que criminaliza os atentados ao estado democrático de direito.

1. Anistia concedida pelo Presidente da República

Para encerrar a narrativa deste caso, esclarecemos que um dia após a decisão do STF, o então Presidente da República, usando os poderes constitucionais, concedeu anistia ao acusado que candidatou-se à reeleição, mas teve a candidatura rejeitada pelo Tribunal Eleitoral do Rio de Janeiro, ao entendimento de que a anistia somente extingue a pena principal e, não, a acessória, qual seja, a perda de direitos políticos.

Portanto, para os tribunais brasileiros, a suspensão dos direitos políticos, ainda vigora a despeito da anistia. Como o caso ainda pende de recursos, o deputado pôde se candidatar a senador e foi o 3.º candidato mais votado, num pleito em que havia somente uma vaga em disputa.

IV. DISCURSO DE ÓDIO CONTRA A IMPRENSA

Não há jurisprudência no Brasil sobre discurso de ódio contra a imprensa, como instituição, mas, somente, casos criminais contra jornalistas, como pessoas físicas.

1. Os ataques sistemáticos pessoalmente ou pelas redes sociais

Os ataques sistemáticos à imprensa se agravam porque basicamente são feitos por meio das redes sociais, mas, ainda assim, o Brasil registra ataques feitos pessoalmente contra a imprensa.

Bolsonaro e os filhos fizeram 469 ataques a jornalistas e veículos de imprensa em 2020, diz ONG- Repórteres Sem Fronteiras. A ONG menciona que ao todo foram feitos 508 ataques de autoridades públicas à imprensa no país. Levantamento diz ainda que Brasil é o 107.º no ranking de violação da liberdade de imprensa, duas posições abaixo de 2019[13].

2. Dois casos paradigmáticos: jornalistas Vera Magalhaes e Miriam Leitão

No primeiro caso, durante o debate presidencial das eleições presidenciais de 2022 entre os candidatos à presidência, Jair Bolsonaro, ao ser questionado pela jornalista Vera Magalhaes, recebeu como resposta que ela era «a vergonha da imprensa brasileira». A partir de então, a jornalista passou a ser perseguida pelos seguidores do presidente, não só pelas redes sociais, más presencialmente.

13. TV Globo, Bom Dia Brasil, https://g1.globo.com/bom-dia-brasil/, acesso em 25/01/2021.

O outro registro é em relação à jornalista Miriam Leitão. Ela escreveu e publicou um artigo no qual revelou como foi torturada durante a ditadura militar do país entre 1964/1985, quando, entre outras coisas, colocaram uma cobra em sua cela. O filho do Presidente, que também é deputado federal, Eduardo Bolsonaro, tuitou que «tinha pena da cobra». Antes disso, em 2019, ela já fora desconvidada para uma feira de livro por receio a sua integridade física.

A sugestão que se encaminha é para considerar o ódio contra os jornalistas como ódio contra a ordem democrática porque esta não existe sem uma imprensa livre de ataques pessoais e de discursos de ódio.

Nessa cadência, no Brasil, a Lei n.º 14.197/2021 que estabelece crimes contra a ordem democrática não prevê tipos penais que possam proteger a imprensa, restando, apenas, a incidência dos tipos penais que protegem a pessoa, como os crimes contra a honra e o crime de *stalking* (artigo 147-A do Código Penal), que são crimes que dependem de instância da parte perseguida.

CONCLUSÃO

Diante das considerações acima, impõe-se reconhecer que a incitação à violência contra o Poder Judiciário e contra a imprensa podem ser considerados discursos de ódio e tais atos não estão sob a proteção da liberdade de expressão. Consequentemente, é legítimo submetê-los às restrições, necessárias, que as legislações preveem e, no caso da imprensa, venham a prevê-las.

A discussão acima enseja, porém, uma outra reflexão. É perceptível que os ataques ao Poder Judiciário praticados pelo então Presidente Jair Bolsonaro foram e são uma ameaça aos pilares da democracia. Em razão disso, devemos refletir se as democracias parlamentares têm instrumentos para evitar ataques à democracia quando eles proveem de dentro do sistema democrático.

Para Karl Loewenstein tais fatos seriam como cavalo de Tróia que se instala dentro da própria democracia, em que «a democracia e a tolerância democrática estariam sendo usadas para sua própria destruição. Sob a cobertura dos direitos fundamentais e do Estado de direito, a máquina antidemocrática pode vir a ser construída e posta em marcha legalmente»[14].

14. https://edisciplinas.usp.br/pluginfile.php/5572750/mod_resource/content/1/Loewenstein%20-%20Militant%20democracy%20and%20fundamental%20rights%20II.pdf. Acesso em 03/03/2023 às 15:16.

A reflexão que se instala é de que modo a democracia constitucional é capaz de proteger as liberdades civis e políticas, por meio de limitações das instituições democráticas.

Em seu artigo Democracia, Populismo e Desinformação, o Ministro Luís Roberto Barroso, do STF, diz que «O mundo anda precisando mesmo é de um choque de humanismo, civilidade e iluminismo»[15], esclarecendo que no processo histórico «a erosão da democracia não é promovida por golpes de Estado conduzidos por generais e seus comandados; mas, sim, por presidentes e primeiros-ministros eleitos pelo voto popular. Chegando ao poder, eles desconstroem, tijolo por tijolo, alguns dos pilares da democracia... Em múltiplas ocasiões, nos últimos tempos, o processo político foi dominado por discursos de ódio, campanhas de desinformação e teorias conspiratórias»[16].

Ante a reflexão ora apresentada pode-se concluir que a democracia brasileira corre real risco se um presidente da república autoritário mantiver o poder de indicar os ministros do Supremo Tribunal Federal (cargo vitalício) e também o chefe da Procuradoria Geral da República, como ocorre atualmente.

BIBLIOGRAFIA

BARROSO, L., *Democracia, Populismo e Desinformação. Democracia, Populismo e Desinformação,* Rio de Janeiro: Revista Direito e Práxis, volume XX, n.º X, 2022, pp. 1-34.

BRASIL. Supremo Tribunal Federal. Ação Penal Originária n.º 1044-RJ.

DE LUCA. J. A., «Desafíos actuales de la libertad de expresión y el derecho penal», *in*

LOEWENSTEIN, Karl. «Militant Democracy and Fundamental Rights – Part 1» - American Political Science Review 31 (3): 417-432, 1937a.

LOEWENSTEIN, Karl. «Militant Democracy and Fundamental Rights – Part 2». American Political Science Review 31 (4): 638-658, 1937b.

---

15. *Vid.* BARROSO, L. R., «Democracia, Populismo e Desinformação». *Revista Direito e Práxis,* Volume XX, n.º X, 2022, pp. 1-34.
16. O Min. Luís Roberto Barroso se referiu ao Neofascismo ou fascismo contemporâneo como a combinação de populismo, extremismo e autoritarismo, que reuniria características atávicas como a exaltação a grandeza da nação, o nacionalismo exacerbado, a perseguição aos opositores como inimigos da pátria, a dominação das demais instituições e órgãos estatais, a disposição de usar a violência e a intimidação para a conservação do poder.

MARTÍN HERRERA, D. (Edit.). *La Libertad de Expresión desde un Enfoque Global y Transversal en la Era de los Objetivos de Desarrollo Sostenible*, Navarra: UNED/ARANZADI, 2022, pp. 27-40.

PAMPLONA, Danielle Anne, e MORAES, Patricia Almeida. O discurso de ódio como limitação da liberdade de expressão. Quaestio Juris, volume 12, n.º 2, Rio de Janeiro, 2019, pp. 113-133.

QUESADA ALCALÁ, C., «Tribunal Europeo y jurisprudencia en materia de discurso de ódio ¿Existe un verdadero estándar de protección para la libertad de expresión?», *in* MARTÍN HERRERA (Edit.), *La Libertad de Expresión desde un Enfoque Global y Transversal en la Era de los Objetivos de Desarrollo Sostenible*. Navarra: UNED/ARANZADI, 2022, pp. 85-106.

Capítulo 8

Los límites que imponen los algoritmos al derecho de la libertad de expresión: ¿qué lugar ocupa la prohibición de la censura previa?

The limits imposed by algorithms on the right to freedom of expression: which place is occupied by the prohibition of prior censorship?

MATÍAS QUERCIA[1]
Universidad de Buenos Aires

Resumen

La censura previa, prohibida en la legislación argentina, implica evitar que se restrinja o se controle el contenido que se publique. En el contexto de las redes sociales y la inteligencia artificial, la censura algorítmica plantea preguntas sobre si la moderación automatizada de contenido, realizada por algoritmos, podría considerarse una forma de censura previa. Esto se debe a que los algoritmos pueden eliminar o restringir contenido antes de que llegue a la audiencia, lo que puede chocar con la protección de la libertad de expresión. La regulación de esta censura algorítmica es un tema importante en la era digital, ya que busca equilibrar la protección contra discursos dañinos con la preservación de la libertad de expresión.

1. Magister en Derecho Penal (Univ. Austral), Especialista en Crimen Organizado, Corrupción y Terrorismo (Univ. Salamanca), Adjunto de la materia «Delitos en conflicto con la libertad de expresión» en la Universidad de Buenos Aires y Defensor Público Coadyuvante del Ministerio Público de la Defensa.

Palabras clave

Censura previa – censura algorítmica – redes sociales – libertad de expresión – discursos de odio

Abstract

Prior censorship, forbidden by Argentina's legislation, implies avoiding restrictions or controls over content to be published. Within the context of social networks and artificial intelligence, algorithm censorship leads to questions related to automated content moderation, such as, if made by algorithms, it could be considered a form of prior censorship. This is because algorithms may delete or restrain content before it gets to the audience, which may crash with the protection of freedom of expression. Regulation of algorithm censorship is an important topic in the digital era due to it looks forward to balancing the protection against harmful speeches, preserving the freedom of speech.

Keywords

Prior censorship – algorithm censorship – social networks – freedom of speech – hate speech

I. LOS LÍMITES QUE IMPONEN LOS ALGORITMOS AL DERECHO DE LA LIBERTAD DE EXPRESIÓN

Las redes sociales resultan ser la forma de comunicación más importante en nuestro tiempo. A partir de su irrupción a principio del siglo XXI, estas tecnologías de la información se han convertido en la mayor herramienta de comunicación entre los integrantes de la sociedad y es así como esa lógica tendió a complementar los lugares donde tradicionalmente ocurre el debate público.

De este modo, esta nueva forma de comunicación transformó y reconvirtió el *cómo* y *de qué forma* se lleva adelante el derecho a la libertad de expresión. La imagen tradicional de los medios de comunicación que tenían como función: la recopilación de información, la libertad de edición (donde se filtraba y seleccionaba el contenido) y finalmente, su trasmisión al público en general; dejó de resultar como tal.

A ello, cabe agregar, que desde la opinión consultiva 5/85 de CIDH a todas las personas que habitamos los países que ratificaron la Convención Americana de Derechos Humanos, nos alcanza por igual el art. 13 que prevé la «Libertad de Pensamiento y de Expresión». Allí se sostuvo, que no es necesario estar colegiado como «periodista», para hacer operativa esta cláusula en tanto se impone una protección amplia del derecho a la libertad de expresión pues, de lo contrario, podría derivar en un riesgo cierto de una censura indirecta o una autocensura.

Sentado aquello, cabe afirmar que los primeros postulados resultaron ser «utópicos» con relación al uso de las nuevas tecnologías y formas de comunicación. Así pues, se ha sostenido que en menos de una década se transitó de un inicial *tecnoptimismo* hacía un *tecnopesimismo*[2].

En ese sentido, tal como se expuso en la edición pasada de este Congreso, esta idea de que la sociedad en red nos iba a ser más «tolerables y abiertos» por el hecho de poder atender a opiniones que hasta ese momento no nos llegaban, es una idea que está siendo prácticamente abandonada[3].

Una primera aproximación que da respuesta a esta afirmación es que los algoritmos en las redes sociales replican lo que sucede en la vida real.

Así pues, las nuevas formas de comunicación tendieron a radicalizar el discurso y a hacerlo más totalitario. Este fenómeno es conocido sociológicamente como «homofilia» y es explicado como una especie de «cámara de eco», donde los seres humanos tendemos a rodearnos de gente que piensa de forma similar a nosotros, al igual que las redes sociales nos muestran contenido afín a nuestros pensamientos.

En este punto, se ha sostenido que, por defecto y debido al diseño de estos espacios, las cámaras de eco se rigen por los llamados «filtros burbuja» en las redes sociales. Estos filtros son algoritmos diseñados para seleccionar y proveer información al usuario de acuerdo con sus interacciones previas, reforzando los propios puntos de vista y haciendo a un lado los puntos de vistas distintos[4].

A la vez, otra circunstancia que nos aleja aun más de ese hábitat ideal que se creía que iba a ser Internet, resultan ser los «sesgos raciales» que se encuentran atravesados en los mecanismos de reconocimiento facial, utilizados como instrumento para la identificación de personas (policía predictiva).

---

2. *Vid.* OJEDA COPA, A., Cámaras de eco y desinformación: Efectos amplificadores de las redes digitales en la polarización social en https://www.researchgate.net/publication/342276306_Camaras_de_eco_y_desinformacion_Efectos_amplificadores_de_las_redes_digitales_en_la_polarizacion_social_de_2019. Consulta realizada el día 26 de septiembre de 2023.
3. https://canal.uned.es/video/60c34c03b609237aaa7dcc94. Consulta realizada el día 26 de septiembre de 2023.
4. *Vid.* OJEDA COPA, A., Cámaras de eco y desinformación: *op. cit.*

En efecto, tal como lo retrata el documental «Prejuicio Cifrado» (Netflix), este tipo de tecnología está diseñado para replicar prejuicios sociales como la xenofobia, el racismo, el sexismo o la homofobia.

En ese sentido, cabe mencionar que, en Argentina, en la Ciudad Autónoma de Buenos Aires se encuentra regulado y funciona un Sistema Público Integral de Videovigilancia que esta exclusivamente destinado a identificar los rostros de los acusados y condenados rebeldes o prófugos: «*Esto es posible gracias a una base de datos otorgada por el Co.Na.R.C. (Consulta Nacional de Rebeldías y Captura) que dispone de imágenes de los delincuentes y depende del Registro Nacional de Reincidencia, bajo la órbita del Ministerio de Justicia de la Nación*»[5].

Si bien no han existido por el momento resoluciones jurisdiccionales en la Argentina sobre el uso de este tipo de tecnología asistidos por inteligencia artificial, sí se expusieron serios cuestionamientos, tales como los del Relator Especial de las Naciones Unidas sobre el derecho a la privacidad, Joseph Cannataci, que, en ocasión de su visita a Argentina en mayo del 2019, criticó el sistema por haber incluido a los menores de edad[6].

En igual sentido, en el año 2020 el Comité para la Eliminación de la Discriminación Racial de las Naciones Unidas dictó la «Recomendación General N.º 36, sobre la prevención y la lucha contra la elaboración de perfiles raciales por parte de las fuerzas de seguridad» en el que fijo: *«que si bien en los procesos de toma de decisiones la inteligencia artificial podía contribuir a una mayor eficacia en determinadas áreas, existía un riesgo de sesgo algorítmico cuando se utilizaba en torno a la aplicación de la ley. En ese sentido, indicó que la elaboración de perfiles algorítmicos generaba serias preocupaciones y sus consecuencias podían ser muy graves».*

Se advierte entonces que este fenómeno que se reproduce en el ámbito virtual, a través de los algoritmos, termina por representar a los seres humanos en su imagen y semejanza, esto es con sus prejuicios y estereotipos, motivo por el cual la sociedad en red se asemeja cada vez más a la vida real.

A ello cabe agregar, que en el ámbito de los principales buscadores y redes sociales lo que rigen son los monopolios de la comunicación, cuya principal característica es que sus productos resultan ser abiertos e interactivos (*v.g.;* Instagram, Facebook, Twitter, etc.).

---

5. https://www.lanacion.com.ar/seguridad/ya-detuvieron-siete-profugos-sistema-reconocimiento-facial-nid2241562. Consulta realizada el día 26 de septiembre de 2023.
6. *Vid.* https://www.cels.org.ar/web/2020/10/la-legislatura-portena-debe-rechazar-el-uso-de-la-tecnologia-de-reconocimiento-facial-para-la-vigilancia-del-espacio-publico/. Consulta realizada el día 26 de septiembre de 2023.

El interrogante que se planeta es si por propia naturaleza de las redes sociales, estos se convierten en espacios donde se debe garantizar el discurso sin que exista ningún tipo de regulación en relación con su contenido.

En 1997 la Corte de los EE.UU. en el precedente «Reno v. American Civil Liberties Union» se refirió a que Internet: «*...constituye una basta plataforma que permite llegar a una audiencia internacional de millones de lectores, observadores, investigadores y compradores, y comunicarse con ellos*» (521 *US* 894-1997).

Se advierte que la semántica utilizada por la Corte de los EE.UU. no fue casual en tanto a lo largo del precedente nunca llegó a conceptualizar a Internet como un «foro público», así como lo había hecho con los espacios tradicionales donde históricamente se había manifestado la ciudadanía.

La respuesta es porque según la tradición jurídica norteamericana donde se determina que existe un «foro público» ya no cabe ninguna regulación del discurso en relación con su contenido.

De este modo, los principales lineamientos de esta doctrina son que: 1) se reconoce que el derecho a expresarse públicamente reside en el pueblo como atributo de la ciudadanía; 2) se considera que los espacios públicos pertenecen al pueblo y por último que; 3) las regulaciones respecto al uso del espacio público deben tener un origen en el interés público, es decir en el interés de toda la ciudadanía ya sea en los que protestan o los que deben de algún modo soportar esa protesta[7].

A diferencia de ello, las empresas privadas hoy generan censura privada. La censura que realizan la llevan adelante en el marco de sus propias políticas de gestión de contenidos y su límite no resulta ser el orden público, sino el mucho más laxo límite de la buena fe[8].

En el orden constitucional, la diferencia radical en el ejercicio de la libertad de expresión entre nuestro sistema argentino con el de los Estados Unidos es que en aquél no se presenta una clausura tan arraigada como el artículo 14 de la Constitución Nacional que proscribe la censura previa, o el art. 13.2 de la CADH, que prohíbe la censura previa y fija la responsabilidad ulterior.

Así entonces, si bien la Corte Suprema de EE.UU. no se expidió hasta el momento en relación a este tipo de supuestos, de censura de contenido por parte de privados en la Internet, si existen algunas resoluciones de Tribu-

7. Hague v. Committee for Industrial Organization, 307 U.S. 496 (1939).
8. https://canal.uned.es/video/60c34c03b609237aaa7dcc94. Consulta realizada el día 26 de septiembre de 2023.

nales inferiores como ser el de: a) la Corte de Apelaciones del Noveno Circuito de los Estados Unidos en Seattle que confirmó que YouTube no censura ilegalmente el contenido de o; b) el caso de la cuenta de Twitter @realdonaldtrump del Tribunal Sur del Distrito de New York, que estableció que la cuenta del ex presidente de los EE.UU. es un foro público por el tener un valor institucional, pero no así la plataforma virtual, pero no la red social[9].

Sentado ello, corresponde analizar si los instrumentos de moderación automatizados por las redes sociales que permiten detectar, a través de algoritmos, contenidos en base a filtros; provoca un conflicto con nuestra regla constitucional que prohíbe la censura previa, de acuerdo con el art. 14 CN y el 13.2 de la CADH.

Lo primero que hay que tener en cuenta es que no es una persona física quien realiza este tipo de acciones, sino un algoritmo, que resulta ser, según la RAE, es «*un conjunto ordenado y finito de operaciones que permite hallar la solución de un problema*».

Entonces; ¿existe efectivamente un conflicto entre las acciones automatizadas de control de contenido por parte de las empresas privadas y nuestro diseño constitucional que prohíbe la censura previa?

En primer lugar, los servicios digitales, se encuentra muchas veces por fuera de los alcances de las normas estatales argentinas, donde rige el imperio del negocio, la autorregulación y la neutralidad de la red, tal como refleja el documento realizado por la Relatoría Especial para la Libertad de Expresión de la Comisión Interamericana de Derechos Humanos, llamado «*Estándares para una Internet Libre, Abierta e Incluyente*»[10].

Por otro lado, en Argentina no hay ninguna norma que obligue a las empresas o compañías desarrolladoras de sistemas basados en inteligencia artificial, al empleo de transparencia algorítmica, o que impida o sancione la puesta en funcionamientos de sistemas asistidos mediante procedimientos denominados «cajas negras»; que resulta cuando siquiera sus desarrolladores pueden ver cómo los algoritmos están tomando esas decisiones.

Así entonces, la censura a partir de la inteligencia artificial, que se puede denominar como «censura algorítmica», no parece aplicársele los estándares

9. *Vid.* VÁZQUEZ ALONSO, V., *Twitter no es un foro público pero el perfil de Trump si lo es. Sobre la censura privada en las plataformas digitales en los EE.UU.* http://dx.doi.org/10.18543/ed-68(1)-2020, pp. 475-508.

10. http://www.oas.org/es/cidh/expresion/docs/publicaciones/internet_2016_esp.pdf. Consulta realizada el día 26 de septiembre de 2023.

tradiciones de la censura previa desarrollados por nuestra Corte Suprema de Justicia de la Nación, en numerosos precedentes[11].

Máxime, cuando se dirige a filtrar contenidos que no son admitidos, conforme lo establecido en el art. 13, párrafo 5to de la CADH que prohíbe la «*...propaganda en favor de la guerra y toda apología del odio nacional, racial o religioso que constituyan incitaciones a la violencia o cualquier otra acción ilegal similar contra cualquier persona o grupo de personas que, por ningún motivo, inclusive los de raza, color, religión, idioma u origen nacional*» y lo normado en el art. 20 del PIDCyP, que establece: «*1. Toda propaganda en favor de la guerra estará prohibida por la ley 2. Toda apología del odio nacional, racial o religioso que constituya incitación a la discriminación, la hostilidad o la violencia estará prohibida por la ley*».

Tal como se indica, el límite al derecho a la libertad de expresión resulta cuando la solución se plantea en la desaparición del otro, la anulación y el extermino. De este modo, el punto de inflexión donde la libertad de expresión cede —pese a su lugar de preeminencia— frente a otros derechos constitucionales cuando se tuercen los valores de la democracia representativa.

El odio se transforma en discurso de odio cuando tiende a menospreciar al destinatario, lo saca del debate público, lo desconoce cómo su igual y su expresión trasciende mucho más allá del acto en concreto, porque se alarma al conjunto social.

En la Argentina, las expresiones de odio por sí mismas no están castigadas, sino cuando guían una lesión o puesta en peligro de algún otro bien jurídico, es decir, como agravante de otros delitos o donde la expresión confluye con la lesión a otros bienes jurídicos.

En ese orden de ideas, la jurisprudencia fijo una serie de pautas que tienden a coadyuvar y saber cuál es el límite establecido entre el discurso protegido y cuál no lo está, aplicable a las publicaciones en las redes sociales.

Así pues, haciendo una breve recopilación, se debe tener en cuenta: 1) el contexto en el cual se efectúan las manifestaciones, poniendo el foco en si generó estímulos de acción inmediata en la sociedad, conforme la doctrina del peligro claro, actual e inminente[12]; 2) definir si versan sobre un

---

11. «...la verdadera esencia de la libertad de prensa radica fundamentalmente en el reconocimiento de que todos los hombres gozan de la facultad de publicar sus ideas por la prensa sin censura previa, esto es, sin el previo contralor de la autoridad sobre lo que se va a decir; pero no en la subsiguiente impunidad de quien utiliza la prensa como un medio para cometer delitos comunes previstos en el Código Penal». (Fallos, 269:195, 308:789 y 315:1943).
12. «Brandernburg v. Ohio» 395 US 444 (1969).

asunto de interés público o un asunto de interés del público [13]; 3) a quién o quiénes está dirigida la expresión, es decir si el destinatario cumple un rol público o si resulta ser una persona con notoriedad pública [14] y; 4) el número de seguidores o de usuarios que «siguen» o interactúan con la cuenta del usuario que emite la expresión, para conocer la idoneidad del discurso [15].

La regulación de los discursos de odio en las redes podría completarse con los lineamientos fijados por la UNESCO en el estudio llamado «Countering Online Hate Speech» que fija una serie de recomendaciones de cómo prevenirlos, como ser: a) la promoción y concientización del daño potencial que generan los discursos de odio a través de la creación de campañas y; b) la acción organizada por parte de ONGs para reportar los casos a las autoridades [16].

Se sigue, que la «censura algorítmica» presenta múltiples problemas. Siendo alguno de ellos reflejados por el Observatorio Latinoamericano de Regulación de Medios y Convergencia [17], que advirtieron:

- En plena pandemia se detectó que Facebook marcó como spam información verdadera sobre la prevención del coronavirus; o
- Google borró de sus mapas en Street View varios graffitis de protesta en Hong Kong contra el presidente chino Xi Jinping; o que
- Los algoritmos no entienden el humor porque YouTube censuró un video de una parodia sobre los negacionistas del coronavirus; o que
- Facebook removió una foto de cebollas porque los algoritmos entendieron que era un discurso «obsceno»;
- O, al contrario, haciendo uso de sus propias políticas de gestión de contenidos, Facebook permitió temporalmente generar apología a neonazis ucranianos y *posteos* violentos contra soldados rusos, al inicio de la Guerra entre Ucrania y Rusia.

---

13. Corte Interamericana de Derechos Humanos; «Tristan Donoso vs. Panama» del 27/01/2009.
14. Comisión Interamericana de Derechos Humanos; Informe 82/10.
15. Como se analizó en la justicia argentina sobre el caso del «twittero» que desplegó odio en las redes sociales (Dictamen Fiscalía Nro. 4 ante la CFCP en autos FCB 8585/2020/2/RH1 del 22/03/22) y que ahora nos enteramos a raíz tuvo un vínculo con una de las personas detenidas por reciente intento de asesinato a la Vicepresidenta de la Nación.
16. https://unesdoc.unesco.org/ark:/48223/pf0000233231. Consulta realizada el día 26 de septiembre de 2023.
17. https://www.observacom.org. Consulta realizada el día 26 de septiembre de 2023.

Nuestra Corte Suprema de Justicia de la Nación, en un reciente precedente sobre el «derecho al olvido», advirtió este tipo de problemática, al sostener que *«el creciente uso de herramientas de tecnología informática y, en particular, de sistemas que podrían incluirse dentro de la categoría "Inteligencia Artificial" (IA), suscita numerosos interrogantes respecto de su campo de aplicación a la luz de los derechos fundamentales reconocidos en la Constitución Nacional y en los Tratados de Derechos Humanos, así como respecto de su incidencia en la ordenación del debate público»* [18].

En ese sentido, los algoritmos deben estar diseñados y programados de forma tal que no abarquen expresiones ni contenidos que, aunque puedan ser considerados desagradables o perturbadores, resulten legítimos y, por ende, encuentren amparo en el derecho de la libertad de expresión al ser proporcionales con el fin que persiguen.

En este camino, hemos observado desde la República Argentina, la sanción por parte de la Unión Europea de la ley de servicios digitales (que entraría en vigencia en 2024), que implica entre otras cuestiones [19]:

- medidas para luchar contra los bienes, servicios o contenidos ilícitos online, tales como un mecanismo para que los usuarios denuncien este tipo de contenidos y para que las plataformas cooperen con «alertadores fiables»;
- prohibición de determinado tipo de anuncios selectivos en las plataformas online: cuando van dirigidos a menores o cuando utilizan categorías especiales de datos personales, como la etnia, las opiniones políticas o la orientación sexual.

En conclusión, teniendo en cuenta que la censura llevada adelante por la inteligencia artificial no genera conflicto alguno con nuestro diagrama constitucional y que son incipientes las regulaciones frente a la concentración de medios, plataformas y redes sociales a causa de los efectos nocivos sobre el debate y los asuntos de interés es que resulta necesario bogar por la diversidad y el pluralismo comunicacional, de modo tal, de «democratizar» a los algoritmos a fin de que adopten una posición de neutralidad y que sean aplicados solo al discurso no protegido, sin que interese la política de gestión de contenidos del proveedor del servicio.

---

18. CSJN: «Denegri» (Causa n.º 50016) del 28/06/22.
19. https://commission.europa.eu/strategy-and-policy/priorities-2019-2024/europe-fit-digital-age/digital-services-act-ensuring-safe-and-accountable-online-environment_es. Consulta realizada el día 26 de septiembre de 2023.

Index

Relación de autores

Alicia Guerrero Curieses

Profesor Titular de Teoría de la Señal y Comunicaciones y Sistemas Telemáticos y Computación, Universidad Rey Juan Carlos, España.

ORCID: 0000-0001-7403-165X

Alicja Jaskiernia

Professor of media studies – University of Warsaw, Faculty of Journalistic, Information and Book Studies, chair of Media Systems Division, Polonia.

ORCID: 0000-0001-8412-7217

Amir Al Hasani Maturano

Profesor Ayudante de Derecho Constitucional, Universidad de las Islas Baleares, España.

Antonio de Cabo de la Vega

Catedrático de Derecho Constitucional, director del Instituto Complutense de Estudios Jurídicos Críticos, Universidad Complutense de Madrid, España.

Caroline Rossy Brandão Fonseca

Juíza de Direito do Tribunal de Justiça do Rio de Janeiro-TJRJ, Brasil.

Damián M. Loreti

Profesor Titular Plenario, Universidad de Buenos Aires, Argentina.

Daniele Butturini

Professore Associato di Diritto costituzionale, Dipartimento di Scienze giuridiche, Università degli Studi di Verona, Italia.

David J. Fernández Amorós

Profesor Titular de Ingeniería del Software y Sistemas Informáticos, Universidad Nacional de Educación a Distancia, España.

ORCID: 0000-0003-3758-0195

David Martín-Herrera

Investigador senior, Profesor Contratado Doctor (acreditado 2017), Universidad Nacional de Educación a Distancia, Oficial de policía (en excedencia), España.

ORCID: 0000-0003-0878-7314

Javier Augusto De Luca

Profesor Asociado de Derecho Penal y Procesal Penal, Universidad de Buenos Aires; fiscal general ante la Cámara Federal de Casación Penal, Argentina.

Jerzy Jaskiernia

Professor of law – Jan Kochanowski University in Kielce, Faculty of Law and Social Sciences, Polonia.

ORCID: 0000-0001-9401-5999

Luciana Frascarelli

Abogada, Universidad de Buenos Aires, Argentina.

Luis Gustavo Grandinetti Castanho de Carvalho

Professor Adjunto da Universidade do Estado do Rio de Janeiro (UERJ). É pós-doutor pela Universidade de Coimbra, doutor pela UERJ e mestre pela Pontifícia Universidade Católica-RJ. Foi desembargador junto ao Tribunal de Justiça do Rio de Janeiro, Brasil.

ORCID: 0000-0003-0728-4328

Zlata Drnas de Clément

Catedrática Emérita de Derecho Internacional Público, Universidad Nacional de Córdoba, Argentina.

Guía de uso

¡ENHORABUENA!

ACABAS DE ADQUIRIR UNA OBRA QUE **INCLUYE LA VERSIÓN ELECTRÓNICA.**
APROVÉCHATE DE TODAS LAS FUNCIONALIDADES.

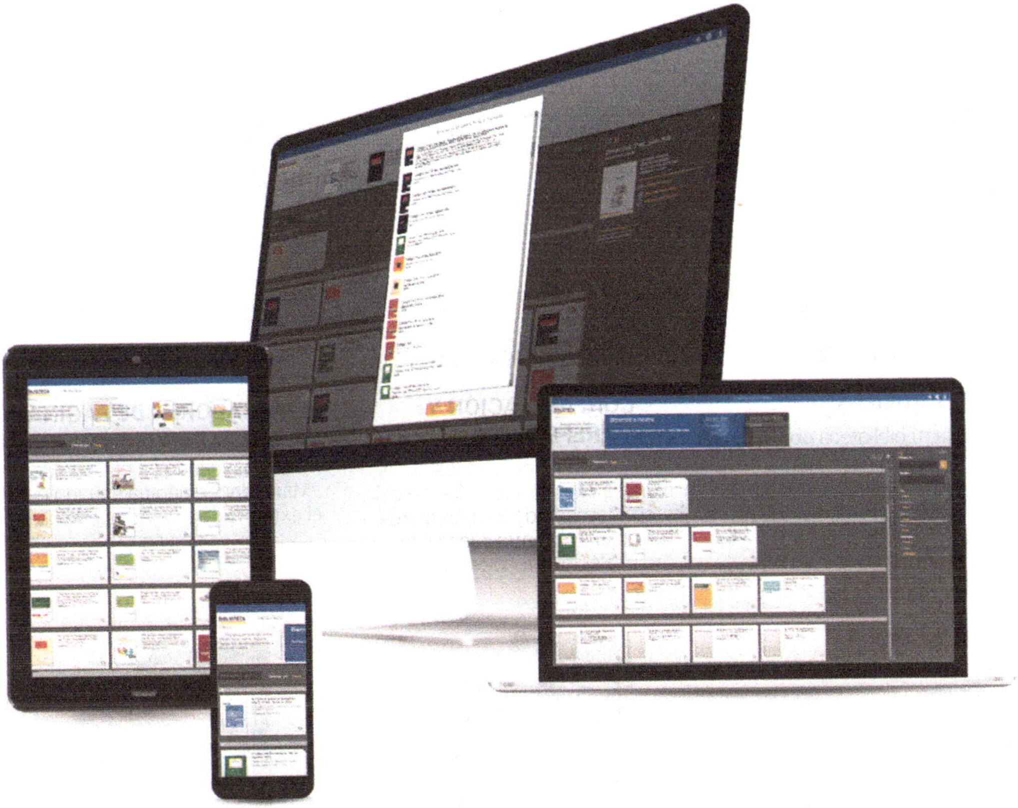

ACCESO INTERACTIVO A LOS MEJORES LIBROS JURÍDICOS

ARANZADI

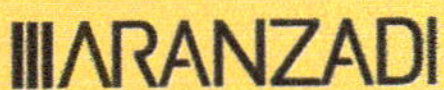

FUNCIONALIDADES

SELECCIONA Y DESTACA TEXTOS

Crea anotaciones y escoge los colores para organizar tus notas y subrayados.

USA EL TESAURO PARA ENCONTRAR INFORMACIÓN

Al comenzar a escribir un término, aparecerán las distintas coincidencias del índice del Tesauro relacionadas con el término buscado.

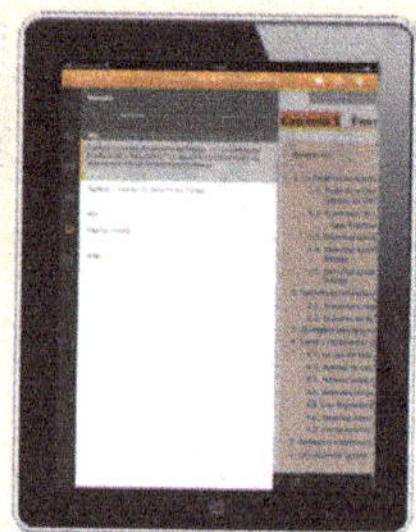

HISTÓRICO DE NAVEGACIÓN

Vuelve a las páginas por las que ya has navegado.

ORDENAR

Ordena tu biblioteca por: Título (orden alfabético), tipo (libros y revistas), editorial, jurisdicción o área del Derecho.

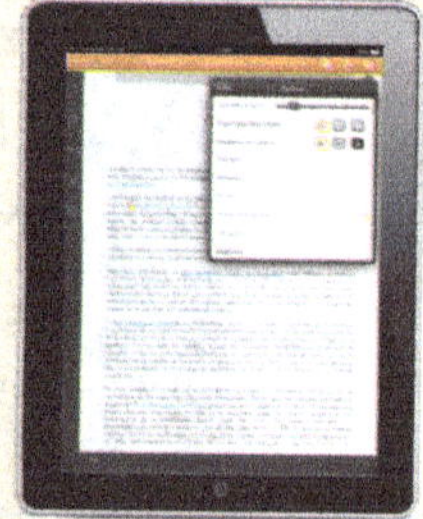

CONFIGURACIÓN Y PREFERENCIAS

Escoge la apariencia de tus libros y revistas cambiando la fuente del texto, el tamaño de los caracteres, el espaciado entre líneas o la relación de colores.

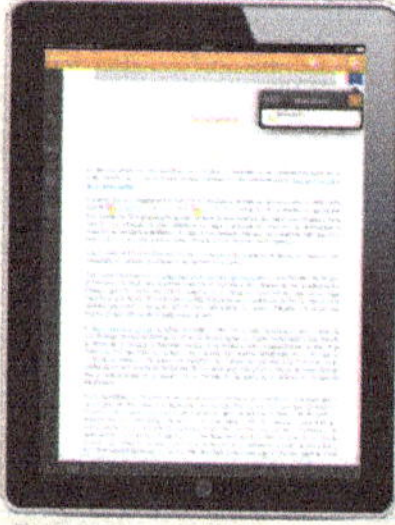

MARCADORES DE PÁGINA

Crea un marcador de página en el libro tocando en el icono de Marcador de página situado en el extremo superior derecho de la página.

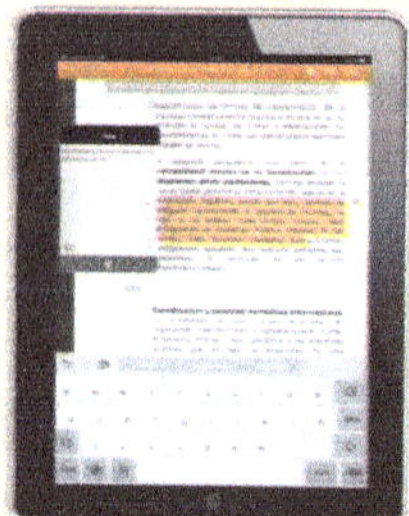

BÚSQUEDA EN LA BIBLIOTECA

Busca en todos tus libros y obtén resultados con los libros y revistas donde los términos fueron encontrados y las veces que aparecen en cada obra.

IMPORTACIÓN DE ANOTACIONES A UNA NUEVA EDICIÓN

Transfiere todas sus anotaciones y marcadores de manera automática a través de esta funcionalidad.

SUMARIO NAVEGABLE

Sumario con accesos directos al contenido.